图说名人

《图说名人》编委会 编著

莎士比亚
戏剧大师

Shashibiya
Xiju Dashi

南海出版公司

图书在版编目（CIP）数据

戏剧大师——莎士比亚 /《图说名人》编委会编著.
——海口：南海出版公司，2015.9（2024.8重印）
ISBN 978-7-5442-7989-5

Ⅰ.①戏… Ⅱ.①图… Ⅲ.①莎士比亚，W.（1564~1616）-传记 Ⅳ.①K835.615.6

中国版本图书馆CIP数据核字（2015）第204927号

XIJU DASHI——SHASHIBIYA

戏剧大师——莎士比亚

编　　著	《图说名人》编委会
责任编辑	张蕾
出版发行	南海出版公司　电话：（0898）66568511（出版）
	（0898）65350227（发行）
社　　址	海南省海口市海秀中路51号星华大厦五楼　邮编：570206
电子信箱	nhpublishing@163.com
经　　销	新华书店
印　　刷	天津旭丰源印刷有限公司
开　　本	787毫米×1092毫米　1/16
印　　张	7
字　　数	80千
版　　次	2015年12月第1版　2024年8月第3次印刷
书　　号	ISBN 978-7-5442-7989-5
定　　价	36.00元

南海版图书　版权所有　盗版必究

前言 *TUSHUOMINGREN*

　　威廉·莎士比亚（W. William Shakespeare，1564—1616），1564年4月23日生于英格兰沃里克郡史特拉福镇，英国文艺复兴时期杰出的戏剧家和诗人，代表作有四大悲剧《哈姆雷特》《奥赛罗》《李尔王》《麦克白》，喜剧《威尼斯商人》等和一百多首十四行诗，是"英国戏剧之父"。本·琼斯称他为"时代的灵魂"，马克思称他为"人类最伟大的天才之一"。他被人们誉为"人类文学奥林匹斯山上的宙斯"。

　　莎士比亚在1590至1612年的二十余年内共写了三十七部戏剧（如加上与弗莱彻合写的《两位贵亲》则是三十八部），还写有两首长诗《维纳斯与阿多尼斯》《鲁克丽丝受辱记》和一百五十四首十四行诗。他的戏剧多取材于历史记载、小说、民间传说和老戏等已有的材料，反映了封建社会向资本主义社会过渡的历史现实，宣扬了新兴资产阶级的人文主义思想和人性论观点。由于他一方面广泛借鉴古代戏剧、英国中世纪戏剧以及欧洲新兴的文化艺术，另一方面深刻观察人生，了解社会，把握时代的脉搏，故其塑造出众多栩栩如生的人物形象，描绘出广阔的、五光十色的社会生活图景。其作品以悲喜交融、富于诗意和想象、寓统一于矛盾变化之中以及富有人生哲理和批判精神等特点著称。

埃汶河畔走出的演员

出生于埃汶河畔 / 1

十八岁成亲 / 11

走上文坛

伊丽莎白时代的戏剧舞台 / 19

早期的剧本创作 / 26

闹瘟疫戏院关闭 / 32

才华横溢的剧作家

"政务大臣剧团" / 37

《罗密欧与朱丽叶》/ 46

好戏连篇的剧作家 / 59

成为名流贵族

晋身名门贵族 / 65

最长的剧——《哈姆雷特》/ 70

得到新国王的赏识

小有财富的地主 / 75

王恩宠遇有加 / 84

流芳百世

自由写作的风格 / 95

立下遗嘱 / 102

出生于埃汶河畔

埃汶河畔走出的演员

◇ 图 说 名 人 ◇

英格兰有许多市镇叫作史特拉福,其中坐落于埃汶河两岸的那个小城最人杰地灵,傲视群伦。"史特拉福的约翰"曾任坎特伯雷大主教,而休·柯罗普登更曾官拜首都伦敦的市长。

16世纪中叶,这些特殊的光荣虽然已是明日黄花,但跨坐在埃汶河上、由休·柯罗普登斥巨资所修筑的石桥,与伦敦终年交通不断,使得史特拉福成为一个繁荣的市集及华维克郡的大城之一。出生于近郊村庄中的青年们若是无意做农夫,就会移居于城内,学习某种行业,然后定居下来。

在向往史特拉福的华维克青年之中,有一个名叫约翰·莎士比亚的青年,他住在城北四里外一个叫作史尼特菲尔德的小村落里。约翰的父兄俱为佃农,可是约翰不想步他们的后尘,于是,他背井离乡来到史特拉福。

※ 莎士比亚出生的小镇距离伦敦并不遥远。图为著名的伦敦塔桥

◆ 名人名言 ◆

时间会刺破青春的华丽精致;会把平行线刻上美人的额角;会吃掉稀世之珍,天生丽质。

——莎士比亚

※ 埃汶河畔的莎士比亚剧院

约翰·莎士比亚选择了制造手套这一行业。当时人人都要戴手套，而本地的制造业者又受到"国会法案"的保护，所以制造手套在当时是一门很有赚头的行业，也是史特拉福城势力最庞大的行业之一。手套业者们在铺砌整齐的市场广场的大钟下，选择最有利的位置，搭起了摊棚。直到一百年后，才被绸缎商人所取代。

约翰·莎士比亚经管的是细致的白皮，它是制造高级手套的原料，不过，他在业余时间也同旁人一样经营销售其他的商品，从木材到羊毛，应有尽有。

史特拉福没有城墙，它的街道挺直且宽阔，然而在精神上却仍旧是个禁锢、褊狭的中世纪小城镇。

像英格兰的其他市镇一样，史城是根据前人传下来的一套严格方法来治理的。市镇当局竭尽全力保护当地实业，不容外人介入，所有的行业都被严格地控制，居民们需谨遵法规以维持治安。史城的居民若是不给自己的狗儿戴上口罩或让鸭子乱跑，玩牌或玩"任何不法的游戏"，夏季里孩子到了晚上八点尚未返家，没有清扫水沟，或者从城里的碎石坑里"借"些碎石自用，那就等着罚款吧！要带外乡人回家需要得到官方特许；如果出于同情，让个大肚子的"陌生女人"在家里住着，罚金就会更重……

法规是如此繁多，要想一点也不犯错简直不可能，所以，史城还没哪个居民德行如此高尚、出众，从来没被苛处罚金的。

戏剧大师——莎士比亚

税收的最佳来源是法律禁止市民"私倒垃圾",市民必须使用指定的四五处垃圾场。史城居民最常犯的过错是"在寝室门口堆置垃圾",几乎每联保的十家皆因此而受罚。约翰·莎士比亚首次被罚款12便士,就是因和两位备受尊敬的邻人在自家附近堆置废物而导致的结果。

在食品方面,史城也有一套严格的中世纪式的管理方法,管制着价格和品质。每年有两名"酒官",负责督管面包师傅、屠夫、旅馆业者严守价格规定;不让酿酒业者在酿制过程中,添加"蛇麻子或其他骗人的玩意儿";也不许零售啤酒的妇女以未密封的酒待客。1556年9月,约翰·莎士比亚曾出任酒官。

次年,约翰进入史城的治理机构——议会,在古老而漂亮的市政大楼里开会,穿的是特别的袍子;要是忘记穿袍子,那得罚12便士。

1558年,约翰又成为这个自治市的警官之一,这个职位可要身强力壮、意志坚决的人才能胜任。他当了警官不到两个月,玛丽女王就去世了。玛丽在位时,英格兰奉行天主教,新教徒一律被视为叛党。伊丽莎白女王继位,英格兰又改奉新教,不少天主教徒并不服膺新女王,因而使得从事警官这个职业的人更少。

1559年,约翰·莎士比亚又重获任命为小警官,并对该城法律未有明文规定的过错加以判定、处罚。约翰的表现一定很出色,因为在1561年他与约翰·泰勒同被任命为市政官,负责监管当地的税收。这个职位也让他忙得不可开交。由于宗教的改换,他必须负责让城里的神坛全部撤除,神像拆去,旧的宗教画也全用白石灰粉刷掉。譬如,他曾花2先令请人捣毁市政厅教堂中的所有神像。

市政官负责监管税收,并向议会做完整的报告。开销的项目繁多,数额又大,因此两年任期下来,约翰还倒贴了4镑。

不少人以为约翰·莎士比亚目不识丁,甚至连自家姓名都写不下来。因为市政官的记录里并无他的笔迹,全是由市政书记所抄录;遇

※ 莎士比亚塑像

※ 莎士比亚博物馆

到需要签名的文件时，他有时画个十字画押，有时画个他用在手套行业里的细巧的针画。但约翰有个好友却有信件证明约翰是能写的。

两年任期满之后，另有新官接任，约翰却再被留任一年，为新市政官草拟报告，这在史城并不寻常。由此看来，约翰·莎士比亚一定有过人的天赋，担当市政官的职责游刃有余。

这时，约翰成家了，他的婚姻同他一帆风顺的生意和市政生涯一样，很令亲友们感到满意。他的妻子姓阿登，是华维克郡最古老的家族之一。老罗勃特·阿登没有儿子只有女儿，而玛丽则是他"最偏爱的女儿"，是执行他遗嘱的两个人之一。玛丽下嫁莎士比亚家时，带来的妆奁里不仅有大笔现款，还有韦木科特的大片农地。约翰的父亲是阿登家的佃农，这片土地对约翰意义之重大可想而知。

未来的岳丈去世那一年，约翰在史城买了两栋房子，一栋在城西的绿岭街，另一栋在汉里街。他在汉里街已住了四年，可能买的正是他一直租住的房子，而他也可能就在这里娶的媳妇，至于孩子们无疑也是在这儿出生的。

莎家第一个孩子出生于1558年，约翰便是在这一年被任命为警官的。孩子取名琼，可惜出生后不久就死了。四年之后，又生了一名女婴，取名玛格丽特，她也于次年夭亡。

戏剧大师——**莎士比亚**

安葬好玛格丽特，同年4月，玛丽生了第三个孩子，这回总算得了个儿子。快乐的父母为他取名威廉。

史城的人们并不晓得威廉·莎士比亚有朝一日会成为整个世界瞩目的人物，因而他的确切生日竟无可查考，只有在教堂的记录上载有他受洗的日子是1564年4月26日。

从传统上和一厢情愿的情感上，人们喜欢认为莎士比亚是诞生于4月23日，这也是他五十二年以后的殁日，更是"圣乔治节"。圣乔治是英格兰的守护神，而莎士比亚则是文学的守护者，这样的希望又有何妨呢！

小威廉由于是市政官员的长子，因此必定穿着白色的衣服，在河边漂亮的"三位一体教堂"里，体面而隆重地接受了约翰·伯列奇格多牧师的施洗、命名，正式成为英国教会的教徒。

此时在英国各地，宗教与政治都紧密相连，毫不可分。英格兰境内的人既效忠于女王，也必诚信于教会。史城居民到了星期天，若不带着一家老小和仆从上教堂，那就只有破财消灾了！教堂的讲坛是政府宣传的极佳所在，教士们所做的特别祷告和讲道可以防止人们胡思乱想。

威廉出世后三个月，史城发生大瘟疫，半年之内有三百五十余人丧命。约翰和玛丽也为自己的爱子担心不已。

威廉诞生的同年，市议会开除了一名人员，由约翰补进成为市府参事。现在约翰穿的是面上覆着毛皮的黑袍，星期天在教堂里坐在讲坛近旁的特别座上。圣诞节期间，可以在汉里街的居所前悬挂一盏特别的灯笼。更重要的是，他已经成为人人艳羡的社会显要——约翰·莎士比亚先生。

史城获得伊丽莎白的弟弟——爱德华国王的特许，拥有自治的政

※ 莎士比亚就在这个古老的教堂受洗

※ 基督教徒认为做礼拜时耶稣会在场，以帮助清洁自己的灵魂

府。两年后，老莎士比亚获得提名，角逐"高级州官副手"。这是该城的最高政治首长，与市长职位相当，第一次提名约翰落选；第二年再获提名，终于当选。

1568年10月1日，约翰宣誓就职。他的皮袍又成了绛红色，到议会厅主持开会，还有专人护送。上"三位一体教堂"做礼拜，他的座位在教堂中部北边的前排，玛丽与首要参事在他两边，次级参事与妻眷则在他的后排。

身为市长的约翰·莎士比亚，同时也是治安法官，并在"记录法庭"中任法官，主持庭务。根据"纹章部"的训示手册，他已经有资格要求有自己的纹徽，从此成为缙绅之流了。

小威廉·莎士比亚那时已经四岁，有个两岁的弟弟吉伯特做伴。他住在汉里街，家里的屋子是坚实的橡木所建，有着斜斜的屋顶，阁楼尖耸着山形墙。这栋房子位处史城最北端，但是走出汉里街前往闹区不需多长时间。就在这闹市里有个抽水机，城里的主妇们在此洗涤衣物，然后就近在"十字市集"上晾晒开来。

"十字市集"的东边有通往牛津和伦敦的"桥街"，史城重要商铺皆沿此街开设，有铁匠铺、酒馆、鞋铺、面包店以及该城最好的四家旅馆等。

"桥街"过后有柯罗普登爵士修建的大石桥。那时节,埃汶河是"夏天里的河,冬季里的小海",桥栏甚矮,连幼儿都可凭栏而望。沿着河岸,在史城和石桥之间是"柯罗斯靶场",居民们便在此练习射术。这时英国已有军火工业,而人们依然习射,以备随时为女王效命。更重要的是,政府希望借此把人们的思想从"不法"的游戏如打保龄球和玩牌之上引开。再后面是"柯罗夫河岸",是史城畜牧鸭、牛、羊的公共草地。

史城里生活上过得去的人家皆有私人谷仓和花园。城里产苹果和梅子,植有榆树千株,梣树几十株,夏天史城一片青翠茂密。环城有农地,在天地交际处有林地,称为"阿登森林"。史城有一所免费的文法学校,由当地的税收支付,孩子们到一定年龄之后便要上学。

读、写由教区里的牧师负责,针线活儿则由"牧师娘"来教导。读书的帖子是一方木板,上头牢牢粘着写满字母的纸张,再覆上一层薄而透明的角板,以防肮脏的小手乱抓。等字母都会了,孩子们便开始读《ABC与教义小问答》,同时学字母和教义。这本书在英格兰八个月之内可以卖出一万本。

莎士比亚便以这种方式学写字母。当时有一种新的"意大利式书法"(与今日的大不相同)在法庭上和城里大行其道;而中世纪另外的书写方式叫作"秘书式书法",仍然在乡间使用。莎士比亚遗下唯

※ 英格兰城市风光

一的笔迹只有极少的签名，它们是以旧式的"秘书式书法"所书写，也许是他后来虽然去了伦敦却也并未费心改变书法吧。

史城文法学校里的课程与英格兰其他文法学校的一样，严肃、枯燥，所教内容是否适用于孩子们的将来所需并不重要。中世纪，学校教育的目的是要培养有学问的教士，好担任教堂里的职务，因此，文艺复兴时英格兰的童子们学的净是拉丁文。莎士比亚入学十年后，伦敦有位教师呼吁在课堂上教授英文，这个建议太"激进"了，竟没有人注意它。

莎士比亚和早他两世纪的杰弗瑞·乔塞（1340—1400，英国诗人）所受的教育有显著的差异。乔塞用的书名为《多纳特》，十分简单，而莎士比亚所读的却是经审订的拉丁文文法，由圣保罗教堂附属学校的第一任校长——威廉·李立所写。

一百个孩童里也不见得会有一个在日后的事业上用到拉丁文。因而，对于拉丁文的引用，可以说是"一种不自然的静止"，等到孩子们开始品尝旧时作者赏心悦目的文笔时，那强烈的学习火花却因文法的重负而熄灭，因此对于老师和孩子们都是"冷肃不适"的感觉。

莎士比亚或许没有班·江生（1573?—1637，英国戏剧家，于1619—1637荣膺桂冠诗人）和克利斯朵夫·马罗幸运，能够获得良师的启发，在心中燃起对拉丁作家的喜爱。莎士比亚终生都宁可借英译本来读拉丁作品。

莎士比亚在学校里最喜欢的作家是罗马诗人奥维德（公元前43年—公元17年）。莎士比亚所知晓的神话几乎全来自奥维德的作品，不过他似乎对奥维德神话的第一二册更熟悉，但也必须借助英译。

除了读、写拉丁文外，还有背诵。另外老师还特别注重学生在大庭广众之下的说话技巧，训练他们控制说话的声音，有许多老师还让学童们出演浦劳塔斯（公元前254—公元前184，罗马戏剧家）和德伦西（公元前185—公元前159，罗马戏剧家）的剧本，让他们亲身体验如何把握话中的字眼。有些老师十分注意"音乐般的谈吐"，他们使用一套如标点似的符号，以表示声音的疾徐高低、何处换气、何处可以完全地舒气等。像这样的背诵和说话训练，对于将来成为职业演员的莎士比亚倒是很有用的。

除开设拉丁文外，史城的文法学校什么也没教给莎士比亚，没有史、地，没有近代语言，更没有自然科学。莎士比亚后来所积累的知识，都是在伦敦所学，譬如法文。

从七岁开始，不论夏天、冬天，从周一到周六，莎士比亚天天都得上学。他沿着汉里街走，到了"十字市集"转弯，再走过两条长街，最后来到市政厅。他的教室在楼上，就在"议会室"的顶端。同一口钟每天清晨都轻唤威廉上学，每个月则有一次召唤他父亲去参加楼下的议会。

到威廉十五岁止，先后有三个老师教过他，全是大学毕业生，都拥有牛津大学的学位。史城给老师的薪资十分优厚，一年20镑，比华维克那样的大城多一倍。

莎士比亚学完文法学校课程后，他满脑子已经被塞满了拉丁文法条文，他大概也学会了如何使用笔记木，在上面搜集很多拉丁作者的佳言隽语。他学会了做笔记，晓得怎样才能干净利落地用笔刀将鹅羽削去，再用舌头去濡软笔尖。他还懂得写字时要坐直了才不会把眼睛搞坏，同时他也学会了忍受长时间的辛苦工作。

英国的孩童一般在学校里待的时间很长，早上7点至下午5点，中午只有两个小时回去吃饭。夏天来时会有所不同，那就是上课的时间再加长，因为有日光的时间更长了。夏季的宵禁在晚上入夜便开始，一个教养良好的小史城人真是没什么时间可以戏耍。上学时每个小学生都得带着书本、书包、笔、墨，冬天还得带蜡烛。动身前，脸要洗净，头发要梳得整齐，并且不

※埃汶河这座古老的桥一定记得莎士比亚少年的身影

※ 圣经

得在途中游荡。

史特拉福以各种市集闻名，5月和9月里，方圆数里内华维克郡的人们都拥到"市集街"的特别摊棚上购物。有人潮的地方一定就有卖艺的，因此小威廉·莎士比亚有许多机会可以在史城看到艺人们的公开表演。

史城也有定期的舞台表演。第一个巡回的戏班子便在莎士比亚父亲任市长那年来到城里演出，受到约翰官方的接待。以后每年总会有那么一个大戏班子一路演到史城来。

"国会法案"严格规定，演出的班团皆需领有执照。在伊丽莎白时代人们的眼光里，如果四处走动而身上没有相应的证明文件，真是再罪恶不过了。为了不被人视为流氓无赖，每个戏班子都有后台，小些的有当地名流撑腰，大的就由宫中达官贵人如雷斯特伯爵、华维克伯爵等人赞助。

戏班子来到史城后，他们首先去见市长，出示证件，取得演出执照。第一场在市政厅，在市长与议会诸公面前表演。由于是免费，争睹的民众常将厅门上的铁条都给挤坏了。威廉因是一市之长的儿子，不愁没有好位子可以看戏。市政厅的主室是个极佳的演出场地，它的形状长而窄，演员们在大厅南端的台上演出，同时利用右角上较小的房间换戏装，等候上台的暗示。

那时巡回剧团规模都不大，每个演员常常身兼数角。一个有六个团员的戏班演二十多个角色的戏目是家常便饭，因为长时期演练的关系，演员对于赶着上、下场和演出不同角色早已驾轻就熟。演出的戏不外是"道德剧"和"神迹剧"两种。道德剧里有娱人的表演，也富含道德的教训。神迹剧的题材可能取自《圣经》，如《最贞德神圣的苏珊娜》；也可能取自古典文学，如将梅纳雷阿斯（希腊神话中的斯巴达王，为海伦之夫）等人物介绍给英国观众。

演员们在史城越来越受欢迎，不久，一年就有两个戏班前来演出了。莎士比亚十二三岁时，华维克伯爵和乌斯特伯爵两人的班属都来史城演出过，甚至雷斯特伯爵旗下的一些极为出色的演员也来过史城。

戏剧大师——莎士比亚

十八岁成亲

雷斯特伯爵剧团的班主是一个名叫詹姆士·柏壁基的演员，他的戏班子是第一个领用官方执照的戏班。柏壁基深切体会到逐城流动演出的辛苦——人员既少，道具和戏服又需不断地包装、拆卸。到戏院里看戏的人集中在伦敦，若能在此建立永久基地，当为最上算之举，可以获利不菲。因此莎士比亚十二岁时，柏壁基便在伦敦建立了第一座

※ 伦敦泰晤士河风光

※ 埃汶河风光

剧院。

这时莎士比亚家已经成为大家庭了。威廉有个十岁的弟弟吉伯特，七岁的妹妹琼，再就是五岁的安，最小的是理查，两岁。

威廉十一岁时，爸爸开始扩充在汉里街的财产。莎士比亚家在汉里街所住的房子是三幢并排着的东边那幢。1575年10月，约翰以40镑的价格将邻接着的两栋从艾德蒙和艾玛·霍尔两人手中买过来。

约翰把西边的房子租给一个佃农，把自己的住所和中间的房子合成一户，以内门相通。他最后一个孩子——艾德蒙于五年后在此出生。

买了房子之后，约翰就成为史城的大地主之一了，在该城三十八名"不动产拥有者"（可终生享有或传给子嗣）的名单上，他排在第六名。这时他最想要的，便是向伦敦的纹章部申请颁发纹徽。

约翰想要在社会中不断地爬升，这在伊丽莎白时期不足为奇。当时的人们都继承了中世纪的"阶级"理论，认为人人皆定属于某一阶级，而惠特基福特主教所说的话更可见其当时的观点："人人平等会引致竞争，这是万恶之源。"因此伊丽莎白时代的人应该满足于上天替他选定的阶级，只是大家都把这套规则用在别人身上，自己仍然不停地往上钻营。下层阶级想跻身缙绅阶级，缙绅之士又想跃居贵族

戏剧大师——莎士比亚

阶级。

约翰娶了阿登家的女儿,光是这个姓氏,在华维克郡威力就够大的了,何况约翰还做过市长和警官,只要付得起纹章部所要的费用,就可以申请颁授纹徽了。房子买后的次年即1576年,约翰向纹章部提出申请,纹章部长罗伯特·库克还为他草画了初步的图形。

就在此时,约翰·莎士比亚的事业似乎顺利得过了头,突然出现了很大的转折。1576年9月5日,他仍如往常一样出席史城议会。自他被选入议会迄今已有十三个年头,只缺席过一次。可是次年议会开会时,约翰却缺席了,然后在下次的会议里,他又没有到场,再下一次的议会也没来,事实上他再也没有按时出席过议会,此后在他的余生里他只出席了一次。

约翰·莎士比亚究竟出了什么差错,竟会突然而完全地抛弃了公开的政治生活,这是一个谜。他不像是改信了天主教或清教,因为这

※ 莎士比亚笔下的哈姆雷特就出生在这个城堡

是有关皇室的事情，并不简单；也不像是财务发生了重大的困难，虽然此后再不似从前那般财源兴旺，可也不曾贫穷过，汉里街的三栋房子约翰一直都没有脱过手。

尽管约翰总是不出席，可他的名字却不断地出现在议会记录上，例如，在1582年9月5日那天，在他名后刺有针孔以示出席。1586年，会议终于勉强另选市府参事以补他的位置，因为莎士比亚先生"不来了"。不去议会开会是要罚钱的，约翰缺席十年，却一毛也没被罚过，可见议员们对他的尊重。

最佳的臆测是1576年的夏季或早冬时，约翰蒙受了个人不名誉之事，使他无法再在议会里露面。而他想要的纹徽也并没有得到，他仍是"莎士比亚先生"（不是约翰·莎士比亚），仍只是"土绅士"，而库克设计的矛与鹰的饰章则归档于伦敦的"纹章学院"。

约翰和近邻的阿德利安·昆尼相比较，他的日子就越发显得黯淡了。昆尼年纪较长，先后共做过两任市长。两人有段时期在事业方面不相上下。后来约翰申请纹徽时，昆尼已正式属于缙绅阶级，他的纹徽是金的盾形纹外加一只手握着一把剑，1574年他在议会记录上的名称是——阿德利安·昆尼，绅士。

昆尼另外让人艳羡的是，他有一个儿子名叫理查·昆尼，在生意上和政治上皆长袖善舞。理查做绸缎的买卖，才二十几岁就被任命为"首要市民"。在学校时理查认真读书；成为首要市民那年，又娶妻伊丽莎白·菲利浦斯——来自史城的名门。

之后的十二年里，小昆尼的事业更是扶摇直上：1586年被选为政务官，1588年成为市府参事，1592年9月，当了史城市长。

1582年11月27日那天，理查·昆尼参加了长子的受洗礼。就在同一天，乌斯特（在英格兰中西部）发出了威廉·莎士比亚的结婚执照。莎士比亚只有十八岁，无法担负养家的责任，但他的新娘安·哈瑟威却大他八岁，而且婚后六个月孩子就呱呱坠地了。

小莎士比亚的婚事或许算不上明智的抉择，但也不致成为乡里间的笑柄。安·哈瑟威来自受人尊敬的家庭，二十六岁的她不致在一番轻浮乱爱之后，要求结婚来保护自己；同时恐怕也不至于设下圈套来引诱热情的少年和自己成婚。比较可能的解释是，两人早有婚约，安觉得在正式结婚前履行妻子的职责并无不可。

伊丽莎白时的教会法对婚约是

戏剧大师——**莎士比亚**

※ 莎士比亚蜡像

看得很严肃的,它几乎具有真正婚礼同等的约束力。如果莎士比亚倘与安有婚约却另娶,他就会被认为重婚,他的婚姻可能会被宗教法庭宣判为无效;若是已有婚约,却拒绝迎娶,他就可能被逐出教会。

安·哈瑟威的父亲在她出阁前一年去世,不过在遗嘱中留给她一份嫁妆。老理查·哈瑟威是史城敦区内一个小村落——薛特里的地主。安是他第一次婚姻的长女。

通常在史城结婚的方式是把结婚预告分三个礼拜天或者假日,在教堂里公布,若是有人反对,可以提出。若是不能公示预告,唯一变通的方法便是取得乌斯特国教法庭的特别执照,并请人张示保结,向教会保证婚后不会"杀出程咬金"来反对。为莎士比亚张示保结的,是薛特里的两个农人——约翰·理查生及弗克·桑德斯,皆是安父亲的朋友。不过他们也不一定是出于友谊而这么做,譬如,在当时,克利斯朵夫·马罗的父亲就是职业的"保结家",为需要执照结婚的新人提供保结的服务。

这样的婚姻要多花钱,可是许多人有各种的原因,不能公布预告,因此非得特别的执照不可。有个主教这样说过:"不经通告而凭执照结婚,并非由于婚姻不正常,其实正好相反。"通常申请执照时,必须附上理由,说明为何不能提出公告。莎士比亚所附的理由已经遗失,因此较可能的推测是,他结婚的决定出于突然,而在耶稣降临节之前已经没有时间可以提出公告。在降临节以后一周的主显节是"禁戒期",在此期间不得举行婚礼,除非威廉和玛丽愿意等到一月中旬,不然就只有破财申请执照了。

结婚仪式按正常方式进行,在乌斯特"宗教法庭",由柯辛博士主持。书记忙中出错,把新娘名字写成"华特利";可是她的名字在保结上却是正确的,只是莎士

知识链接

复活节

复活节是纪念耶稣复活，也是基督教最重要的一个节日。据《圣经》记载，上帝的儿子耶稣降生在马槽里，当他三十岁的时候，挑选十二个学生，开始传道工作。三年半中，他医病、传道、赶鬼，帮助各种有需要的人，将天国的道理说给人听。一直到上帝所安排的时候到了，耶稣基督被门徒犹大出卖，被捉拿、审问，被罗马兵钉死在十字架上，临死前曾预言三日后必复活。果然在第三日，耶稣复活了！按《圣经》的解释，耶稣基督乃道成肉身的圣子，来世上是赎世人的罪，成为世人的代罪羔羊，这也是为什么复活节如此重要了。

比亚的名字竟又拼成了"莎格士比亚"。在哪个教堂举行的婚礼无处可考了，只知在乌斯特教区内，它包括了华维克郡的一部分。

未成年人要在惠特基福特博士的教区里完成终身大事，必先获得家长或监护人的同意才行，因此，老莎士比亚定然是准许了这门亲事的。

史城的习俗是长子需把新娘带回父母家里住，理查和伊丽莎白·昆尼小两口就是这么做的。

威廉大概也是这样。莎士比亚家的房子在后头有个厢房，自有一条通路，有客厅、厨房，并另有楼梯通往二楼。像这般应该足够容纳儿子、媳妇了。

第二年孩子出世，是个小女孩，生在复活节后第八个星期日（基督教节日，3月21日起，月圆之后的第一个星期日），取名苏珊娜。

苏珊娜在史城并不是常见的名字，可是却深为清教徒所喜欢，他们认为孩子该取《圣经》上的名字。安的父亲在遗嘱里要求"简朴的埋葬"，这是清教徒使用的词语，因而安的女儿取个清教徒的名字也并不奇怪。

由于安自小在清教徒的环境中长大，这可以说是日后两人失和的原因。一个像约翰·莎士比亚这样地位显贵的人的儿子，竟会入于优伶的籍户，难免叫人觉得有些惊讶。因为许多人觉得，只有在业余演戏，并且说拉丁文戏词的情况下，演戏才值得敬重；至于职业演员，则与虚华浮饰的无赖毫无两样。清教徒想的可就没那么简单了，他们攻击演员，认为他们是人类获救的阻碍，他们在剧情中鼓励男女放纵于"污秽、邪恶的淫欲中"，若是发生了瘟疫，那就是人

戏剧大师——莎士比亚

们听任像戏院这样的大邪恶存在，而触怒了上帝。

要是清教徒嫁了个演员，那真是"是可忍，孰不可忍也"。莎士比亚常驻伦敦的一个大剧团，除了每年定期去各地演出外，大部分时间都在伦敦工作。可是他不像别的演员，在伦敦有妻小同住，而且在将近二十年的时间里，他都独自居住。

伊丽莎白时期并无演员公会，流行的仍然是师傅传徒弟的那一套，演员们在家里收了徒弟，仔细调教。这些徒弟们往往被视如家中的一分子，家里若是有个能干的主妇，自然可以派上大用场。只是团里人人都有一大家子老小，间或有两三个光棍，再不就像威廉·莎士比亚这样的人了。

苏珊娜出生后两年，安又产下一男一女的双胞胎，分别取名为汉

※ 莎士比亚在全世界都非常有影响，安徒生、巴尔扎克等都对他十分崇拜。图为莎士比亚画像

※ 现在的伦敦美景

尼特与茱蒂丝。此后就再无子女，很可能莎士比亚是此后一两年间离开史城前往伦敦的。

小莎士比亚离开史特拉福的理由，恐怕跟他父亲不一样：当地太小了，适应不了他的发展。当时伦敦已经宣告"客满"，较小的市镇则任凭"荒芜"，枢密院为了扭转人口流动的方向，通过了一套套的办法，而泰晤士河上的这座大城却依然是块磁石，吸引了各地满怀希望、鸿鹄之志的青年前来。伦敦本身的市长和市府参事，大多还是出生于外地的人哩！莎士比亚家有个旧街坊叫亨利·菲尔德，是个鞣革匠，他八个儿子当中的一个立志要从事印刷业。小理查·菲尔德和小莎士比亚同年。当时史城并无印刷机，英格兰各地也没有，只在伦敦有几十台，在牛津和剑桥两地各有一台，且持有特别执照。于是菲尔德便到伦敦去打天下。十年之内，菲尔德娶了老师的遗孀，接替了他的事业，自己当了老板。不到十三年，他又把弟弟加斯坡接出来，做他的学徒。就在同一年，他印刷、出版了威廉·莎士比亚的第一本叙事诗。

伊丽莎白时代的戏剧舞台

16世纪80年代，威廉·莎士比亚初抵伦敦时，伦敦仍与乔塞时期的那个中世纪城市大致相同，无多大改变。城墙依然是老样子，只是交通日渐拥堵，当局只好另开新门，叫作摩尔门，可以通往北面的田野。昔时修道院的旧址改建成了住家、网球场或者工厂；伦敦桥畔美丽的小教堂变成了仓库；只有伦敦依然是教堂之城，教堂林立，支

※ 伦敦威斯敏斯特教堂

走上文坛

图说名人

名人名言

金子啊，你是多么神奇！你可以使老的变成少的，丑的变成美的，黑的变成白的，错的变成对的……
——莎士比亚

※ 圣保罗大教堂

配着居民们的生活。圣保罗大教堂里的礼拜现在以英文进行，而建筑本身并无改变，只是木质的塔尖不见了。二十年前，塔尖起火，围观的人水泄不通，阻碍了救火人员的救援，结果除了余下方形的石基，其他都烧个精光。人们讨论来讨论去，也做了好多计划再筹钱，但塔尖却再也没有重建。倒是那宽阔的方形石基，成了游客观光的景点。

伦敦唯一的崭新公众建筑是"皇家交易所"，是为了使商人们在恶劣天气里在街上不必遭受风吹雨打而建造的。"皇家交易所"占地甚广，楼上回廊里设有一百家小店。起先免费出租，只要商人在店中点起灯、进满货就行。但伦敦城扩展很快，不到十年的光景，每家小店就得付4英镑的年租。

这儿有药剂师、金匠、书商、盔甲商和玻璃器皿商人等。这座乔塞时期的中世纪小城，现在面临人口日益膨胀、人们活动日趋频繁的压力，不断地威胁着环绕四周的城墙。安特卫普（比利时北部一城市）失陷，伦敦代之成为欧洲的商业中心；欧洲各国的宗教战争使得

戏剧大师——莎士比亚

伦敦的外国人口在十三年中又增加了一倍。莎士比亚就是这时来到了伦敦。

在伊丽莎白时期的舞台上演戏剧并不容易，不能掉以轻心。一个演员需经长期、辛勤的磨炼才有可能在大城市的戏团里挑大梁。莎士比亚在架起的戏台上就着午后刺目的阳光，没有现代戏院中柔和幻化的辅助效果设备，却要真刀实枪，凭真本事表演击剑、舞蹈和空中飞人等。

伦敦戏团里许多人都是"从小练就的功夫"，莎士比亚二十余岁才进入这个行业，要么凭着天赋异禀及勤练不辍，要么克服困难。他到1592年已实在无法声名鹊起。柴德说他是个极优秀的演员，他必然在先天上有过人的好条件：强壮的身体和美好的嗓子，并能将这两个要件结合。

伦敦著名的剧团之一是史传基爵士的戏团，开始时是专演跳跃、翻筋斗等杂耍的，一出如"赫丘力斯之力"的标准剧情，里头起码有半数是特技表演。像这样的特技训练，对演员非常有用，因为伦敦的舞台一般都有高低不同的层数，战争和围城是观众最爱看的。上层舞台用来做城墙和

※ 击剑

楼塔，一个演员必须学会如何从城塔上摔下，既不摔伤自己，又不损坏昂贵的戏服。

首先，几乎所有的剧情里都有打斗，在作短兵相接的肉搏时，演员们更需精湛的技巧才行。普通的伦敦人大多是击剑专家，他们可不愿意花了钱来看两个草包过几招花拳绣腿。一个像莎士比亚这样的青年演员，必须长时间辛苦地练习伊丽莎白时代的剑术。他必须学会一手握着一把又长又重的剑，另一手持着匕首作为格斗之用；他必须学会在近距离里以手腕和前臂做一连串凶猛而适当地刺杀，对准敌方的眼睛，或者胸肋之下。演员要想表现出伊丽莎白时期真正决斗中的狠劲，又不弄伤自己和对手，该需要多么高度的配合！理查·塔里登是16世纪80代的喜剧演员，就因剑术高超，于去世前一年，被剑术学校封为"剑击大师"。

伊丽莎白时期的舞台表演并不格外强调写实，可是很注意舞台效果，若是需要血流五步，就得给观众看到真正的血。

他们由经验得知，牛血太浓稠流不动，通常使用的是羊血。在表演真正的刺杀时，演员就使用手中空的剑，按下机关，剑身便会缩回，另一个演员则在白皮短上衣之内，佩着血囊——可能涂成皮肤的颜色。血囊被刺中时，演员在接触的刹那弯下身，鲜血便喷涌而出，令观众非常满意。有时候也以真剑上场，这时演员就必须佩带护板。有一次一个耍戏法的酒后登场，忘了戴护板，结果被刺身亡。在《宫廷之役》中，有一场开肠破腹的戏，剧务人员准备了三小瓶的羊血以及一只羊的心、肝、肺。演员们就在大白天里，为挑剔的观众演出"挖心肝"的好戏。

另外一个考验演员体能和身体驾驭能力的是舞蹈。一部戏中除了写入剧情中的舞蹈之外，戏终时也有舞蹈。一个外来的游客在看过

※ 罗密欧与朱丽叶

戏剧大师——莎士比亚

莎士比亚剧团演出《尤利乌斯·凯撒》之后,说:"剧终时,他们一起合舞,曼妙而优雅。"而英国演员出国表演时,国外观众也常特别提及他们的舞蹈技巧。这时期的舞蹈动作激猛而戏剧化。伦敦的舞蹈学校里教的是些复杂的舞步,如"盖力要得"(流行于十六七世纪的双人舞)的双人舞,夸张的腾跃叫"卡补力哟",以及把舞伴高举在空中的"活得"。一位仁兄在观看舞蹈学校的舞者所表演的"盖力要得"后说,"他飞跃、奔腾,舞跳得棒极了"。如果业余者都能有这番身手,观众对职业演员的期盼就更不用说了。

撇开这些不谈,一个小演员或初出道的演员,一个下午就要应付好几个角色的演出。即使是个大剧团,演员也很少超过十二个人,当然也请不起临时演员。戏词短或压根没戏词的角色,就得忙着赶场,不断地换戏装,好扮演不同的角色:这会儿是个贵人,等会儿又变成灵魂、侍从、人质,或者是鬼魅、小孩、船长、波斯人等。

其次,伊丽莎白时期的演员必须具备一副好嗓子。此时的剧本中充满了动作,然而真正抓住并"控制"观众情绪的并非身体上的表演,而是台词。观众必须认真倾听,才会晓得各场故事发生的所在、演员们的情感、剧本中的诗句和高潮等。更重要的是,演员清一色是男人和童子,纵然是亲密的肌肤交接,也还特别需要仰赖女角们所说的台词,这样才能更真切有效地制造出爱恋缠绵的气氛。

伊丽莎白时期的观众对于演员所使用的词汇极易动容,他们看多了,因此能够敏捷地抓住确切的含意,完全领会其中的乐趣。既是这样,台词的清晰可闻便是演出成功的首要之务。演员说台词的速度是相当快的,因而呼吸的控制、语气的轻重和字词的发音必须完美,才能使观众的情绪和舞台上的演出合二为一。莎士比亚初来伦敦时,台词多在句尾特别加重声音,这样演员便可从容地在固定的间歇里换气。可是在以后的十年里,如此的写作越来越显得拘泥古板了,一种精致柔巧的无韵诗遂取而代之,演员们要想灵活掌握这样的诗句便困难得多。而把这种新的写作方式推广运用的功臣即是莎士比亚。

就算台词是旧式写法,机械化的语调与大量的押韵都是伊丽莎白时期的演员要掌握的。另外,要记住自己的台词也不是容易的。当时演戏采用的是选定剧目的方式,没有哪出戏会连演两天。演员每晚都

※ 在当时剧坛被牛津、剑桥等"大学才子"把持的背景下,莎士比亚这一"平民"却赢得了广大观众的拥护和爱戴。图为剑桥大学

演不同的角色,根本没有机会像例行公事那般每天舒舒服服地应个声儿就成。若是想依赖提词,那就指望不上了。这个提词的,他的工作才真叫重呢!他要注意着让演员们依序登场,要准备好使用的道具,要使复杂的舞台装置操作得既快且准,如在"天顶"的滑车控制和暗门的弹簧。由于每日演出新剧,自是每日下午皆得更换,而它们是极为繁琐的。譬如,光在一剧里可能就有先知、天使自天降于宝座之上;妇人遭雷击而死;水手浑身湿透自海里上来;蟒蛇大口吞噬藤蔓;一只手握着燃烧的剑从云端伸出,以及"先知约拿被从鲸腹里喷掷到舞台上"等。这样他哪里还顾得上提词?

再说,记不住台词的演员在这种高度竞争的行业里就别想待得久。因为抱着演员梦的总比圆了演员梦的人多,即使已经隶属于大剧团,也仍然有被炒鱿鱼的可能。

一个演员若是在伦敦城里站不住脚,他可以去参加乡间剧团,那里演出水准较低,也可以出国去跑码头。英国演员在国外很吃香,二流的班底加上蹩脚的装备也能在法兰克福(德国西部的城市)市集里造成轰动,让"男男女女争先恐后得不得了"地赶去看。

莎士比亚若不是当演员当上了瘾,他在成为成功的作家后,早该弃演去写作,像班·江生一样。然而到1592年,他不到三十岁时已经是成功的演员了;1598年时仍是演员,并被列为"主要喜剧演员"之一;到了1603年他还是演员,在《西加纳斯》中,列在"主要悲剧演员"里;1608年,他仍在演出,因为他是当年被安排开始使用布莱克福莱尔戏院的"男演员"之一。总结以上,莎士比亚毕生在伦敦舞台上的表演应该是不错的。

莎士比亚当然比不得艾德华·阿林那样光耀夺目——他可以使坏剧本起死回生,甚至把他的名

戏剧大师——莎士比亚

字印在剧本的首页上就可以大发利市。但莎士比亚对人类的了解却远在阿林之上。看过他表演的观众，恐怕难得有人能从他扮演的角色中推知他真正的性格与内涵。

像莎士比亚这般忙碌的演员是没有多少时间写剧本的。早上的时间给排演占去了，下午要正式演出，有时晚上还需做特别的表演，一年一度的各地巡回演出就更不用说了。现代的作家或许会觉得写作是专门的职业，在那个时代简直是不可思议的。伊丽莎白时期的人思想比较落伍，他们可没有耐心等候一个作家"躺在产床上，花三十一个星期又八天来写三行狗屁东西，然后再花上整整十二个月来设法改写润饰"。江生费了五星期写一个剧本，就让人讥讽成"慢郎中"了。汤玛斯·赫伍德也一直是专业演员，他却挪得出时间来，能够用他所谓的"一整只手或者至少一只大指头"写出二百二十出戏。莎士比亚在戏院中二十年的写戏生涯里，一共写了不到四十出，在量方面算不上惊人，在质方面却令人叹为观止。

身为演员，莎士比亚较同时期的剧作家更占优势。通常剧作家照班主的要求写剧本，然后到一个合适的场所比如有隔间的酒店里给班主试读。试读若是通过，剧作家收了钱就算大功告成了。许多作家如乔治·柴普曼那样，是不看自己的剧本的。这一类作家不注重自己的作品对活生生的观众究竟会造成什么样的感情上的影响，因而柴普曼的剧作今日已经不为人所接受了。

莎士比亚则不然，他是演员，有自己的剧本，演出时他随时在场，可以从现场了解演出者的表演效果，而使他的作品历时三百余年仍有一股生鲜活力的特质则应是他与观众密切接触而特别获得的职业性了解吧！

※ 劳伦斯·奥利弗是最完美演绎莎翁戏剧的演员

早期的剧本创作

莎士比亚早期的剧作并不出色，但是他对左右观众情绪的技巧已能相当熟练地把握了。以二十八九岁的年纪，自然尚无功力写出《哈姆雷特》这样的剧本。事实上，莎士比亚经由写作而学习，因而与观众一同成长。写作初期，他的技巧稚嫩粗拙，观众的反应也一般，可是重要的是他一直从观众的回应中获得灵感。

他早期最成功、最轰动的剧作，依当时的记载来判断，是有关"蔷薇战争"的三个连续剧本。

哈姆雷特剧照

戏剧大师——莎士比亚

当时，有关英国历史的剧作十分流行，观众没在学校里读过历史，自然急于知道自己先王、先后们的事迹。蔷薇战争是青年作家的好题材，可以借此指出国内纷乱的可怕后果，进而提醒观众，能够在稳定的"都铎王朝"之下过日子，是何等福分！若有伦敦人反对付给国王特别经费或与西班牙交战的费用，他就会不断地提醒自己，在亨利六世这个昏君的统治下日子更惨。

莎士比亚对蔷薇战争并不比他的观众知道得多，不过倒有好几本很好的史书可供他参考，其中最合时宜的是一部英格兰、爱尔兰、苏格兰的《编年史》，由拉菲尔·贺林虚德根据标准资料编纂，由数家印刷业者联合出版。出书后，销售量直线上升，因此又出了新版，出版者把直到1578年的英格兰史都加了进去。这三册的版本便成为标准的英国史，也是莎士比亚历史剧的主要依据。

只有充满自信的青年才敢采用这样混乱纷争的题材，题材的纷杂众多偶尔会扼制戏剧的正常发展，不过就整体而言，莎士比亚总能巧妙地处理重要场面，纾解观众胸中郁塞着的热烈爱国情绪。

这连续三出剧本的第一出中，塔·伯特爵爷死亡的那场戏极为成功。塔·伯特是英国贵族，在战场上死于背信弃义的法国人之手，临死时，双臂紧拥着已死的儿子。他说了一段话，这是由莎士比亚带头使用的一长串悲壮的话，使得观众随着这个武士的灵魂飞天而呜咽饮泣。

这出戏于1592年3月3日由史传基爵士的剧团在"玫瑰"戏院演出，一整季里吸引了许多观众。菲利浦·汉斯洛和汤姆·纳许（1567—1601，英国讽刺家、剧作家、小说家）两人分别在日记和小册里记下了当时的盛况。

莎士比亚并未刻意留心史实，让塔伯特在贞德（1412—1431，法国的民族女英雄）被捕前就死了，而事实上贞德早在二十二年前便已舍命。现代的读者认为莎士比亚赋予贞德几近滑稽的个性。16世纪的英国人都认为她是个狡诈的村姑，由于魔鬼附身，才得以打败英勇的英国人。即使博学的盖伯瑞·哈威都觉得她算不得什么东西，不过是个"精力过剩，好冒险的丫头"罢了。

这出戏里有许多攻城略地的情节，莎士比亚就尽情地使用所有的舞台配备，让演员们如空中飞人般跳上跳下，又让贞德爬上很少使用的楼塔顶端去扑熄一把火炬。他甚至要演员自12尺高的阳台上纵身跃

※ 现代版本的哈姆雷特

下来逃亡。

莎士比亚有关蔷薇战争的第二部戏里就没有这么多战争、游行的场面了，可是他也没有忘记观众们喜欢特殊效果。他使用了三层的舞台让幽灵自暗门里出来，和阳台上的伯爵夫人见面，并利用雷声以掩盖暗门启动时可能发出的声响。接下来，他利用事先准备好的道具以及牛血等成功地表现了理想的演出效果，使舞台表现获得了观众的认可。

在这第二出戏里，莎士比亚对于史实和时间仍然粗心大意。这或许因为戏院有实际的困难存在。这出戏里约有五十个角色，而爵爷、贵妇、市政官、市民、士兵等还不算在内，因此每个演员都得演上好几个角色，剧情的进展因而需要仔细铺排。若是史实影响到实际的舞台需要，那就只有委屈史实啦！

在第三出戏中，年轻的莎士比亚遭遇到许多无法入戏的材料，效果最好的一场在首幕结尾处。在战场上，约克公爵的敌人在杀他之前，做了顶纸冠给他戴在头上。约克又慷慨激昂地说了一段话，是针对玛格丽特女王这匹"法国雌狼"的。这番话滔滔而下，越说声调越高亢，最后于高潮处戛然而止。

蔷薇战争的这三出戏，是这位野心勃勃的青年的青涩之作。他一方面在艰苦的剧艺学校中接受磨炼，另一方面则要以各种可能的方式征服观众的情感。莎士比亚对舞台上的机关装置着迷，他十分清楚演员们会怎样使用它们，他敢于大量取用贺林虚德的《编年史》。今日，这三出戏已无演出价值，遥想当年却曾是伦敦戏院中的连台好戏呢！

现代的观众面对杀人流血狂潮必会以为莎士比亚一意取悦最低级观众的低级趣味，竟至迷失了本性。恰恰相反，莎士比亚是遵照他那时古典戏剧的最佳标准，而尝试

戏剧大师——莎士比亚

写下一部"壮丽的罗马史"。

在这一点上,莎士比亚师从的对象是塞内加(公元前?—公元65年,罗马政治家及哲学家)。塞内加在文艺复兴时期人们的心中,代表着古代悲剧里最动人、最有价值的部分。他是异教徒,而他作品中的说教却常被人们引用,伊丽莎白女王还亲自翻译了他好些剧本中的片段。有数位诗人联合翻译了他的十个悲剧,于1581年出版。塞内加在英国的戏剧界一直是备受敬重的典范。一次在剑桥的"三位一体学院"中,一出塞内加式的戏剧演到最狂烈的高潮时,一名贵妇观众突然"心神丧失,再也没有恢复过来"。

塞内加的剧本是为聪明却疲倦的罗马观众写的,朗诵的地方多。他巧妙地结合夸张与恐怖,为的是让观众保持清醒。莎士比亚对于塞内加有关戴埃斯提斯的故事印象非常深刻,在这出戏里,主角极尽血腥残暴之能事.从某些意义上来看,莎士比亚的《泰塔斯·安钟尼珂斯》与塞内加血腥行为的描述相较,实在没什么比头,只能算作小巫见大巫了。

莎士比亚没有把塞内加六个演员、一个信差和啰啰唆唆的合唱这一套整个搬过来。《泰塔斯·安钟尼珂斯》剧和《亨利六世》三剧一样,把整个舞台都塞满了。第一景中,他一共使用内、外两个舞台,有暗门、有阳台,还挤满着游行的队伍、武士以及穿着五颜六色、光彩夺目的演员。剧中,莎士比亚引用了许多古典作者的话语,甚至拉维妮亚的斩手断舌也是根据奥维德有关费罗蜜拉的故事而来。

莎士比亚时代的伦敦是英国的文学都城,受到来自四面八方的文学影响。较乔塞晚生两世纪的莎士比亚,可比乔塞幸运多了,他有许多新典范可资仿效,同时还试用各

※ 亨利六世

种方式进行创作。

试过以罗马悲剧方式来写《泰塔斯·安钟尼珂斯》之后，莎士比亚又试写罗马喜剧《错中错》，这次的模型是古典喜剧大师浦劳塔斯。浦劳塔斯最受人们喜爱的是他在《曼尼克密》中所设计的孪生角色。在过去的五十年中，意大利的剧作家便一直在这个主题上作复杂的变化。他们处理戏剧皆有定则，譬如舞台总是代表市区广场，背景是房屋。若是喜剧，这些房屋便是教堂、家庭和妓院。

莎士比亚的《错中错》便是竭力依标准的意大利喜剧而写。剧情在固定的布景上展开，在一处市场里有三个门：一个门通往修道院，一个门通往安提佛勒斯的家，还有一个门则通往妓院。莎士比亚严格遵守传统的三一律（戏剧中时间、地点和情节必须统一），所有的情节都集中在一天当中，发生在伊弗瑟斯城（小亚细亚古城）里。莎士比亚模仿的技巧相当高明，典型的伊丽莎白时期的特征，全剧充满了双关语。莎士比亚对于文字游戏一直兴致勃勃，而他的观众们也在"听"力上久经熏陶，因此在听到有关"钟点"和"婊子"（hour与whore两词音近）这样暗指的笑话时，便立刻爆出满堂喝彩。

这段尝试期间里，莎士比亚又试了另一种方式的写作。早十年前，文学界有个泰斗叫约翰·李立（1554—1606，英国小说家及戏剧家），写过一部极为出色的小说，题名《优菲斯》，一时葛林、孟岱、戈生等人均竞相仿效，就连纳许都坦承在"剑桥还是小猴仔"时，就曾是《优菲斯》的忠实读者。李立所使用的夸饰文体、华丽辞藻，其实并非他所开创，牛津大学里有位教拉丁文的教授，早就训练学生在拉丁散文中使用相同的文体。

1590年，优菲斯之风已经盛极渐衰，但李立夸饰的特色仍是时髦作家模仿的对象，莎士比亚便是依李立的风格而写下了《空爱一场》。剧本写成的时间已不可考，但剧中三个年轻爵爷的名字，显然是从报导法国境内战事的新闻小册子里得来的灵感。1593年，"那伐尔的亨利"（即亨利四世，1553—1610，波旁王朝第一代的法国国王）皈依天主教，之后，这些小册子便不再发行。莎士比亚的小喜剧与真正的法国历史无关，但他的主角却是那伐尔国王，他的三个爵爷则分别命名为隆格维亚爵爷、杜曼纳爵爷以及伯罗纳爵爷。

在《空爱一场》里，莎士比

亚终于证明了自己在写作方面无所不能，而且表现优异。这部作品适度、活泼，一如"盖力要得"的舞蹈，它无意让人以严肃的眼光来估量它。这时作者方才登进了文学多角隅的大殿堂，开始窥知维持观众笑声不断的窍门。莎士比亚玩着文字游戏，愉快地模仿着当时的各种文学时尚，从优菲斯文体至十四行诗，不一而足。剧中，他还描述了一群热心逗趣的业余演员，他们费尽心神上演一出戏，惹得他们的贵族观众不断地对他们轻嘲笑谑。

莎士比亚笔下活泼、喜爱调侃与嘲弄的青年贵族，以及快活、机智的贵族少女，首次在这出戏里出现。虽与日后他所写的相比显得较为老套，而他们不停地以文艺复兴时期的观点讨论爱的主题，同时显现出生命的气息。莎士比亚取用了意大利喜剧中常见的迂腐、武断、心胸狭隘的教师，以及学者与矜夸自喜之士这两种角色，把他们用在剧中人物洛佛尼斯与阿玛杜的身上。

《空爱一场》是伦敦人的戏，是为懂得身边的戏谑文辞之人所写。它的作者之所以能够写出这出戏，是由于他一直在留神观察、倾听，并能进入城里贵族圈中。它虽然是一出城市戏，却很少有伦敦人敢用两首乡村歌曲来终结全剧。尤其是最后的冬之歌，描绘出了寒冷冬天里真正的乡村景致。

所有这些剧本都是在16世纪90年代早期写的，其中大部分写于1592年9月，在葛林攻击这位年轻的"演而优则写"的剧作家之前就已上演过。葛林恰好死于1592年9月7日，伦敦议会所颁布的瘟疫令生效实施，所有戏院全部关闭，直到1594年才再度开放。

※ 亨利四世画像

闹瘟疫戏院关闭

1592年一整年里,伦敦议会都在抨击戏院。2月,市长和参事们就开始向惠特吉夫特大主教抱怨,请求协助拯救城中青年,因为他们的举止受到"舞台上淫荡、亵渎表演的影响而感染了邪恶、暴乱的恶性"。

5月底,骚瓦克发生学徒暴动,议会立刻归咎于戏院的邪恶教导,6月,一切"冒渎神明的景象"皆告禁绝,直至9月29日为止。但9月7日,城

※ 英国国会大厦

里已经发生大瘟疫,因此立刻颁行瘟疫令,伦敦城方圆几英里之内,所有集会,除宗教集会外完全被禁止。

这场瘟疫与莎士比亚出生那年所发生的相同,是伦敦的"常客"了。每次死亡人数超过某一特定数目时,瘟疫令就要颁行一次。染患的人家要被隔离二十天,户长每天要清洗他家附近的街道两次,坟墓要掘到六尺深,各教区各有两名谨慎的妇人来替隔离的人家采买或护理,"医师学院"也指派了一些医生,专门处理瘟疫病人。不过,人总是人,谨慎的妇人并不总是谨慎的,而坟墓也不一定都掘到六尺深,于是瘟疫就更容易死灰复燃了。

有个聪明、可爱的伦敦市民约翰·何奥斯,于1587年建议当局学习德国奥格斯塔,以公家税收为穷人修建通风良好、有三房、有烟囱、有厕所与小院落的住屋,然后将原来污秽的巷道夷平改建成开阔的庭园,这样全城就再也不会发生瘟疫了。伦敦议会认为这是痴人痴想,因为瘟疫的起因早已昭然了。伦敦的一个教士说得很清楚:"瘟疫缘起于罪恶……罪恶的缘起则是戏剧,故而瘟疫缘起于戏剧。"

演员们现在只有去流浪了,伦敦戏院事业要在两年后的6月3日以后才能恢复正常。巡游的演员们不敢冒险演新剧,因此新剧在这两年中很少出笼。至于旧戏也缩减甚多,一来由于村野观众不懂伦敦人的引喻;二来则因剧团变小,角色太多,演员必将分身乏术。

为了壮大声势,有些剧团便合并了。像艾德华·阿林是海军上将手下的人,他便与史传基爵士的演员"会师";阿林自英国各地写回"老太婆裹脚布"的信来给老婆,向她讨消息——

"女人,你一点消息都不给我;你应该把家里的……这样那样的(事情)……都告诉我……把我黄褐色的长筒毛袜染成很黑的颜色,冬天回到家里时好穿。你也不告诉我,我的花园怎样了……记得……芫荽菜圃。9月里……要撒菠菜种子……"

阿林是剧院老板菲利浦·汉斯洛的东床快婿。汉斯洛回信给他:菠菜下了种啦,但是一个同行冤家的剧团也倒了。这时解散的剧团很多,团员们甚至得典当戏服过日子了。

许多剧团把珍藏的剧本卖给印刷商人,这在平常他们是不肯做的,因为会减少原会来看戏的观众,并且让别的剧团看到了自己剧情的内容。瘟疫期间,剧本求售的情形特别多。1592年只不过出版了四部剧本，但是到了1594年，出版的剧本陡然增为二十三部。在这些出版的剧本中，有许多是内容混乱、讹误重重的，显然是演员们凭记忆而重新拼凑成的，而记忆不及处，则或发明或加入别剧中的台词。不管怎样，有"海盗版"总比什么都没有要好啊！

这时候的大剧作家们由于时运不济，一个个都先后凋零了。罗伯特·葛林于瘟疫令颁行前四天去世。1590年"保罗的童子"剧团解散，约翰·李立的剧作家生涯也随之告终。他费了九牛二虎之力，在宫中谋得一份差事，过着"死无希望"的生活。

至于大学出身的最杰出的剧作

※ 伦敦

家克利斯朵夫·马罗，更是突然而戏剧化地陨落了。1593年5月30日，马罗在伊林诺·布尔经营的酒馆里被刺殒命。据验尸官的报告，马罗为了酒资与一个叫殷格兰·弗莱瑟的人发生争执，马罗抢过弗莱瑟的短剑，在他头上刺伤了两处，弗莱瑟夺回短剑之后，在马罗的右眼上方刺了一剑，马罗当场毙命。时人皆确信，这就是不信基督教的坏蛋的下场。

5月就曾有告密者开列了马罗的一大堆罪状，说他是自由思想者，包括对"圣灵"有粗暴不敬的言论，以及坚称宗教是束缚人民的诡计等。16世纪90年代末期又有新的说法："马罗是在一场卑鄙龌龊的桃色纠纷里，遭逢对手，被一个放荡的男侍刺杀身亡。"不管确实原因为何，当时的人反正确定他是个坏蛋无误，他的暴毙就是上天对他的审判。

除莎士比亚外，硕果仅存的剧作家就数汤玛士·吉德（1558—1594）和汤玛士·纳许两人了。新剧既然无市场了，纳许就于1593年出了一本著作，名为《基督对耶路撒冷的眼泪》，似是而非地说些瘟疫是罪恶之惩罚的话。

汤玛士·吉德是盛行一时的《西班牙的悲剧》一戏的作者。1593年，他写了本很特殊的剧作叫《柯妮莉亚》，不是供演出之用，而是为协助潘布罗克公爵夫人提高英国戏剧的艺术水准而写的。

潘布罗克公爵夫人是菲利浦·席德尼男爵（1554—1586，英国诗人及政治家）的妹妹，美丽、有魄力、有头脑，她觉得该为亡故的哥哥设法提高英国的写作水准。当时海峡对岸的法国有个大剧作家罗伯特·贾尼尔写了不少好戏，他的品位比较高，虽然

知识链接

公 爵

　　欧洲国家贵族爵位中，最低级贵族爵位以上的第五级一般在中文里译作"公爵"，在王或亲王之下，在侯爵之上。

　　欧洲诸国近代的"公爵"称号比较统一，大多可以归为三类：从拉丁文Dux衍生出的爵位名，此词源原意是"领袖"；与德语Herzog同源的称号，词源是日耳曼语，"领军"的意思；此外部分斯拉夫国家有Voivode称号，是相似的"战士领袖"的意思。

　　三组称号都源自于对于军队首领的称号。在古罗马时代，由日耳曼或凯尔特蛮族出身而作为雇佣军为罗马军队所用的将帅，由于没有正式的罗马军衔而统称为Dux，也因此Dux被认为等同于日耳曼人旧有的军事领袖称号：Herzog。罗马帝国灭亡之后，各部族的军事领袖成为欧洲各独立小国的国君，其中许多就以Dux或Herzog为称号。直到近代，意大利和德国统一之前的很多小国都以此为称号，从而与拥有相似称号而不是国君的贵族有所区别，中文一般称作"大公"，欧洲现存唯一的独立大公国是卢森堡。

　　历史上的其他大公国经过合并和并吞，逐渐演变成了由国王授予的爵位。在欧洲各国，公爵都是最高爵位之一，在一些国家公爵以上还有亲王，但另一些国家的公爵级别比亲王要高。

走的也是塞尼加路线，却没有使观众痛苦难过的情节。

　　潘布罗克公爵夫人亲自把贾尼尔有关马克·安东尼的剧本译成英文，于1592年出版。有个叫山姆尔·丹尼尔（1562—1619，英国诗人及史学家，于1599至1619年荣膺桂冠诗人）的作家，在她的鼓励之下也成功地译了本关于埃及艳后克丽奥佩屈拉的剧本。汤玛士·吉德便于此时翻译贾尼尔有关柯妮莉亚的剧本。吉德的法文并不是顶好，不过反正剧中也没什么大事发生，书成后，倒博得不少学者的赞赏。吉德正想再翻译另一本时，却忽然于1594年冬天离世。这位通俗剧作家中最后的老成也凋谢了。

"政务大臣剧团"

才华横溢的剧作家

1594年春天,伦敦的瘟疫渐渐消歇了。金匠街以前装潢富丽的店铺纷纷刷墙涂壁,重新开张。有个名为法兰西斯·蓝利的金匠甚至开始计划在骚瓦克修建能容纳三千观众的新戏院。历劫两年而犹存的演员们又开始重组剧团,其中有两个剧团最大,驾驭着整个伦敦舞台。

剧团之一是由艾德华·阿林领导的,由他的老泰山菲利浦·汉斯洛经营,长期租用"玫瑰戏院"。这个剧团的赞助者是艾芬汉的霍华德爵士——查尔士,他曾指挥舰队对抗西班牙的无敌舰队,是英国的舰队司令,故而阿林的剧团被称作"海军上将剧团"。

阿林的劲敌原为史传基爵士名下的剧团,1594年史传基亡故,他们另找了一位亨利·汉斯登爵爷做他们的恩主,此人是女王表亲,亦是她活着的亲戚中最亲近的一位。汉斯登是枢密院议员,曾在宫中任政务大臣,故此他的剧团被人称为"政务大臣剧团"。

1594年,"政务大臣剧团"成立,威廉·莎士比亚便加入进去,该年宫廷的圣诞表演中,他曾是列名享有酬劳的三位演员之一。他是否以前就为这个剧团工作已无可查考,但是他日后一直都待在这个剧团里。

在往后的十六年中,莎士比亚与团员们的亲密

图说名人

名人名言

道德和才艺是远胜于富贵的资产,堕落的子孙可以把显贵的门第败坏,把巨额的财产荡毁,可是道德和才艺,却可以使一个凡人成为不朽的神明。

——莎士比亚

✦ 麦克白剧照

情谊胜过手足，就某一方面而言，他的艺人同辈与他使用的字句，是他创作的素材。他以剧作家的身份联合他的同仁们，透过戏剧这个媒介而迎合观众的情感。幸运的是，他所在的这个剧团里的人都能力高强且聪明灵巧。

伊丽莎白时期的剧团人人荣辱与共，他们的财务情况完全依凭无私而明智的合作来维持。戏服、道具、剧本皆为团员共有，在莎士比亚的剧团中甚至有一个创举，那就是共有戏院。

大家共有财产而不发生纷争，它所依赖的不是法律条款，而是友谊，各个演员必须心甘情愿地以团体福利为先、个人利益为次。在以后的十年中，另一剧团的股东们费尽心思，拟了许多条文，而他们唯一关心的只是捞钱，结果两年不到，就在纷攘的官司里关门了。

即使演艺事业的敌人们也不得不承认，有些演员们"庄重、审慎、甚有学养，是老实的艺人，并是邻居们眼中的好市民"。这个描述正是莎士比亚的剧团最好的写照，他们安静地生活，勤奋地工作，不涉足酒馆，也不呼朋唤友，只把光芒留给舞台。

这个剧团的当家演员是理查·柏壁基，他一生都住在休第曲的赫立威尔街上。理查·柯里是另一个团员，与家小也一直住在赫立威尔街，他因演活了莎士比亚《无事生非》剧中的维吉斯一角而获得不朽的声名。休第曲就在戏院邻近，莎士比亚自己有段时间也住在离赫立威尔街几步路的地方。

另一个重要的戏院区在骚瓦克，由于已有"玫瑰戏院"，蓝利便计划在此兴建"天鹅戏院"。

"政务大臣剧团"有几个演员也住在骚瓦克，如奥格斯汀·菲利浦斯、罗伯特·高、汤玛士·柏普、威尔·史莱等。柏普和史莱两人终身未婚，但柏普却收养了一些孤儿。唯一未住在戏院区的两个

戏剧大师——莎士比亚

重要成员是约翰·何明基斯和亨利·康德尔。这两人住在城西的豪华住宅区里,对教区中的事务十分热心。康德尔是教会职员,他与何明基斯都是财产信托人。1600年起,何明基斯便负责处理剧团中几乎所有的财务,直到其去世。临死前,何明基斯已经成为演艺事业里的领导人物了。1623年,在他们俩的主持下,发行了莎士比亚剧本的"第一对开本"。

莎士比亚在伦敦没有固定住处,因为太太、孩子都不在城里。有阵子他住在毕薛普给街,后来搬到骚瓦克,成为奥格斯汀·菲利浦斯与汤玛士·柏普的邻居,然后又在城西的私人家里赁屋居住。总之,他是个伦敦城居民,定期赋税,却恐怕是团里唯一没有永久住处的人。

莎士比亚因为没有自己的家,也就不可能有徒弟了。因为教徒弟这一套是需要有个女人持家的。演员的妻子们把丈夫的弟子当成自己的孩子来抚养。像何明基斯的妻子莉贝嘉,除了自家十四个孩子外,还养着丈夫的好几个徒弟,亚历山大·库克和约翰·赖斯是其中的两个。奥格斯汀·菲利浦斯也有徒弟,山姆尔·纪尔波恩是其中之一。

库克、赖斯、纪尔波恩等年轻人

※ 文艺复兴时期的绘画

※ 《暴风雨》插画

有你的信。"

同阿林同台演出的何明基斯和奥格斯汀·菲利浦斯一定也在旅途上花费许多时间写家信；康德尔甚至把三个女儿都取了爱妻伊丽莎白的名字。

莎士比亚加入的剧团里的演员们原是最眷恋家庭的一群。团员们把这种爱家的感情和气氛也带到剧团里来，在遗嘱中彼此互赠财物，并相互指定为财产信托人，或遗嘱执行者，把孩子、徒弟相互托付。就事业的眼光来看，一个剧团要在伦敦成功、宏图大展，单靠团员间深密的情谊是不够的，它还得具有高度的职业水准。

理查·柏壁基在三十五年的演艺生涯里远近驰名，去世时整个伦敦城都为他哀伤。他曾扮演过各种不同的角色，如哈姆雷特、奥赛罗、李尔王等，有人说这些角色"因他而活"，也"因他而死"。据当时人们的记述来看，柏壁基无疑是个杰出的演员。此外，这个剧团里的威尔·甘普及汤玛士·柏普、乔治·卜莱安等人也都是光彩照人的演员。

莎士比亚所属剧团中的大部分团员的私人事迹都无处考查了，因为一个剧情每日更换的戏班子的高水准演出不在于演员个别的精彩表

都加入了恩师的剧团，列名在"第一对开本"中，是曾演过莎士比亚剧本的演员。另外理查·柏壁基的爱徒尼可拉斯·涂利甚至在遗嘱中遗赠10英镑钱给柏太太，感谢她"母亲一般的照顾"，并且遗赠5英镑给康德尔太太，以表示对她的敬爱。

艾德华·阿林随着史传基的剧团四处流浪演出时，结婚还不满一年，他的新媳妇老抱怨别的演员的妻子收的信比她多。阿林算是有良心的人，他常常写信回家，可是他的丈人汉斯洛还老是不客气地说："别家的太太收到信时，我们都没

演,而在于剧团整体完美地搭配与合作。"政务大臣剧团"的团员都久经历练、聪慧灵敏,不是寻常之辈,莎士比亚要不是有两下子,谅也不会受他们的邀请加入。

团员亲如家人,素质又高,这对莎士比亚的写作是很有帮助的。首先,他知道自己的剧本将会由一群长久一起工作、对演戏这一行有透彻了解、能驾轻就熟的演员做细心、聪敏而引人共鸣的诠释。一般而言,即使再好的剧本也可能在拙劣的演出后"寿终正寝",但莎士比亚的剧本却无需担心这些。

其次,伊丽莎白时代靠笔杆谋生是极为艰难的,莎士比亚却从未遭受过这样的压力。他同柏壁基、康德尔一样依赖演戏过活而且也像他们那样投资于土地,最后还能给子孙留下为数不少的财产。

剧团里的人共同负担戏服、剧本、租戏院、雇用其他助手的费用。票房收入在扣除演出费用之后,每星期分配给各团员。遇上时况不佳,团里就不会有预备金,因为"政务大臣剧团"不似"海军上将剧团",有汉斯洛这样的富人撑腰;但若遇着好光景,团员们就会有大笔现金可供支配,而现金在伊丽莎白时代可是稀有的东西呢。

莎士比亚是绝无可能靠写剧本过活的。当时一部剧本最高的价码仅约8英镑钱。如汤玛斯·赫伍德这样成功的剧作家通常也只得6英镑而已。莎士比亚在戏院工作二十年,共写成不到四十部的剧本,算算每年平均收入不及20镑。班·江生曾估计,他一生写剧本的收入不达200镑,可是莎士比亚光投资一笔不动产的花费就超过这个数目两倍!写剧本顶多算是赚点外快,莎士比亚主要还是以演员的职业维生。有个酸不溜丢的作家曾说,演员是"全世界最好的捞钱行业"了。莎士比亚的剧本若是成功,演出收入也自然增多,然而增多的收入却是全体演

※ 莎士比亚

员共享的。

要想了解莎士比亚所占的优势，就非得和当时其他剧作家相比较不可。任何剧作家把剧本送给"政务大臣剧团"或"海军上将剧团"，只能获得买断的稿费，这便是最后一次见到自己的剧本了。他把所有的权利都交了出去，由于对于团里的事务并无说话的余地，因此剧本的演出也没有他说话的余地。甚至对于要写什么样的剧本，他也没有多大的自由，特别是剧团赶着要剧本的时候。起码在"海军上将剧团"里的习惯是把情节拆开来分给四个作家每人各写一幕。在这种方式下，就需要一个脑袋好使的人，先想出一个完全的剧情，像安东尼·孟岱就是公认的"我们最好的情节家"。

这样的方式偶尔也会产生相当好的剧本，但是很明显的，剧作家们可不喜欢。1600年左右，童子剧团再度兴起，在大约十年左右的时间里，几乎所有的好剧作家都转而替他们写剧本，因为在他们的方式下，作者有更多发挥的余地，也有更多的机会让自己的剧本印刷出版。

莎士比亚是否也曾参加过这样的集体创作就不得而知了。有一本关于汤玛士·摩尔（1779—1852，爱尔兰诗人）的剧本是孟岱想出来的剧情，然后再由几个作家集体执笔，其中有一个人的笔迹辨不出是谁的，有许多学者认为出自莎士比亚之手。不过人们所认知的莎士比亚的笔迹，最早见于1612年5月11日，而且还是信手涂出的简写姓名。现在他仅存的另外四个签名

知识链接

《暴风雨》

《暴风雨》是莎士比亚的最后一部完整的杰作。剧情大意是：普洛斯彼洛是意大利北部米兰城邦的公爵，他的弟弟安东尼奥野心勃勃，利用那不勒斯国王阿隆佐的帮助，篡夺了公爵的宝座。普洛斯彼洛和他那三岁的小公主历尽艰险漂流到一个岛上，他用魔法把岛上的精灵和妖怪治得服服帖帖。几年后，普洛斯彼洛用魔术唤起一阵风暴，使其弟弟和那不勒国王的船碰碎在这个岛的礁石上，船上的人安然无恙，登岸后依然钩心斗角。普洛斯彼洛用魔法降服了他的弟弟和阿隆佐，使他们答应恢复他的爵位。最后大家一起回到意大利。本剧还歌颂了纯真的爱情、友谊和人与人之间的亲善关系。

戏剧大师——莎士比亚

里,有三个是在遗嘱上,而它们看起来还不像是出于同一个人所写。因此要确认他的笔迹是不可能的了,而他参加这种集体创作的可能性恐怕也是微乎其微。

莎士比亚与当时的一些剧作家不同,他创作剧本丝毫没有经济的压力,且可完全自由地选择题材。他的剧本形形色色,包含甚广,可见他丝毫不受拘束,不必因为一剧成功而再赶写另一出同类型的戏。他可以依自己的想象尽情舒展,随自己的喜好任意尝试,而他的演艺同仁们,则始终忠实、执著地跟随着他。

莎士比亚的剧团另外还做了一件极重要的事情,那就是保持着他原作的完整,最后又费心让它们全部出版。这时期里,没有哪个作家有这样的待遇,写于这时的剧本有五分之三都遗失了。何明基斯和康德尔在推出莎士比亚全部剧本的第一版时说"他的智慧很可能散失并隐没了"。如果不是何明基斯和康德尔这样的人,莎士比亚一定有许多剧本不是失落了便是以讹误的版本而传世。因此,像《安东尼与克丽奥佩屈拉》和《暴风雨》之类的剧本得以保存不朽,实应感谢莎士比亚的演员同仁们。

当时有关莎士比亚的记载都显示,在他的职业生活中,他轻松而愉快,与人无争,也从未参加过任何的文学争斗。与他同时代的约翰·戴维斯爵士无限赞赏地称他

※ 油画《驯悍记》

※ 1769年的莎士比亚剧院

是"我们英国的德伦西（公元前185—公元前159，罗马戏剧家），威廉·莎士比亚大师"，赞扬他："您没有怨责之心，却有着驾驭的智慧。"

莎士比亚不喜欢"怨责"，部分应归于他天生的好脾气和与生俱来的谦恭，这些为他换来了"温雅的莎士比亚"的封号。莎士比亚在剧院里工作了十六年，在他所选择的这门艺术里，没有遭到压抑也没有摩擦，对于自己、自己的作品和演出的效果都充满了信心。就职业而言，他真是个幸运的人，而与他同样幸运的，则是与他共事的人们。

"政务大臣剧团"新成立时，最先使用的是"纽文顿巴兹戏院"，约于十四年前建于骚瓦克另一端的纽文顿村中，颇不理想。它离城太远，除假日之外别无观众。"政务大臣剧团"只在1594年6月里演出了十天。其时瘟疫之令初解，伦敦城内的大戏院短期之内仍然关闭，准备清理、装潢之后重新开张，"政务大臣剧团"只得与"海军上将剧团"合用纽文顿巴兹戏院，而实际上使用它的舞台一共才有六个下午而已。

"政务大臣剧团"将《泰塔斯·安钟尼珂斯》和一出名为《伊斯德与阿哈苏鲁斯》的圣经剧各演了两

戏剧大师——莎士比亚

场。《泰》剧的出版者说该戏共有三个不同的剧团演出过，因此"政务大臣剧团"便是第四个演出的剧团了，由此可见《泰》剧屡演不衰。此外出版《泰》剧的约翰·丹特，还依据这相同的题材发行了一首歌谣，使得伦敦街头人人哼唱"命运是我敌人"的调子，吟唱着泰塔斯的不幸。这个调子原先一直配唱有关谋杀的歌词，后来被人称为"吊人调"。

9月29日圣迈可祭日前，伦敦已经一切恢复正常，戏院的档期也排满了，准备着好戏登场。"政务大臣剧团"决定使用"十字钥匙客栈"作为冬季表演场所，因为该处交通便利，像另两家客栈"雄牛"与"钟"一般，都在大通衢之上，这条大道在伦敦叫作恩典教堂街，在与休第曲路相交之处则称为主教门街。

这三家旅店在过去已有多年被作为戏院的历史，它们皆在城墙之内。市长与他的参事们都很不喜欢将它们当成戏院使用，可是"政务大臣剧团"的恩主却是女王第一代表亲，颇有使女王"言听计从"之力。他答应伦敦市议会，他的演员们在下午2点钟一定准时开锣，因此观众中的小兄弟们可以在天黑以前便回到家里。他保证不在街头巷尾吹吹打打做广告，更表示愿意自每日收益当中捐献部分给教区里的穷人。另外他还提醒

当局，他的演员若不在大众之前磨炼演技，圣诞节来临时，便无法在女王御前演出了。

关于戏院的问题，女王与伦敦市讨论的结果也是一样的。女王要看戏，却不想花大钱养个御用的戏班子，因此只有求于民间的商业戏院这一途径。数年前女王曾精选伦敦最好的戏子，由她破例亲任赞助人，虽然这些戏子钱不多拿，特权却不少。到后来，城里每个戏班子都自称是"女王的人"。瘟疫之后，"女王班底"再无重组，圣诞戏季在宫中首演的荣耀都归了"政务大臣剧团"。

在后世人的眼中或许这是理所应当，因为有莎士比亚的关系，事实上，确实是他们的恩主政务大臣的关系。政务大臣掌管王室日常生活中的一切，包括所有的宫廷娱乐，因为"飨宴处"直隶于政务大臣。

莎士比亚与汉斯登爵士接触时，汉斯登已近七十。他的"性子极为急躁易怒"，既不圆滑也不逢迎，但是女王偏就欣赏他的诚实与忠心。他的剧团确实日见兴隆，总是在圣诞假期时获得在宫里开幕首演的殊荣，同时也较别的剧团在御前做更多的演出。不过，当然也是因为这个剧团出类拔萃，否则，贵为政务大臣的汉斯登爵士也不会出面支持了。

《罗密欧与朱丽叶》

在女王御前演出，或为私人团体表演固然重要，但各剧团的主要营生是每日下午的固定演出。所演的剧目有的是已经占有一席位置的老戏，也有演员们花了不少时间、精力和金钱试演的新戏。新戏上场自不能每次皆获成功，因为戏剧表演是不稳定的行业，即使备经历练的剧界人士，也无法在剧本上演以前确定它的价值。

16世纪90年代中期，就在"政务大臣剧团"成立不久，莎士比亚写了一部极为成功的剧本，那就是《罗密欧与朱丽叶》。如往常一般，他脑子里构思的是个古老的故事，这也是他与当时大部分剧作家唯一不同之处——从不利用当代的生活作为剧情。在《罗》剧里，莎士比亚不仅用的是老故事，而且是家喻户晓的故事。

早些年时，罗密欧与朱丽叶曾是伦敦舞台

※ 伊丽莎白女王

戏剧大师——莎士比亚

上一出叫座的戏。其时有个名唤亚瑟·布鲁克的青年,在看过之后感触甚深,就写下了一首诗篇,被一位叫威廉·彭特的军官收在他的故事集里。彭特是军械部的一名军官,闲时搜集、翻译一些意大利作品以消遣。

这种意大利式的情欲澎湃激荡的小说,到16世纪90年代中期已经显得有些过时了,可是莎士比亚并不在乎是否走在文学运动的前锋,他并不是革新派,在他全部创作生涯里,他都选择较旧式的故事作为自己剧作的蓝本,而不管他的同行们是否正从事他们似是而非的创新。

身为作家,莎士比亚让人觉得最稀奇的一点,是他在选择题材时,从不写认为自己高高在上而瞧不起别人的作品。他仔细而留心地阅读布鲁克的诗,想根据它来写一部严肃的悲剧。布鲁克的风格愚稚浅俗,道行比他差的人看了都会跳脚,但莎士比亚偏能不愠不火。

莎士比亚身为演员,难得他能以稳静、宽忍的谦虚,在许多蹩脚的戏里演出,而丝毫不减他对剧艺的热诚。他对布鲁克也以如此的稳静、宽忍的心态全心接纳。他的剧团一年大概要推出十五出新戏,莎士比亚既然是固定团员,必然免不了要在其中露面。这些戏不会全是

※1900年的莎士比亚剧院

※ 李尔王精彩剧照

好戏,由现存的少数几出来看,根本就是差劲透了。举例来说,《李尔王》在宫廷首次上演时,"政务大臣剧团"也另有一出戏同时在宫廷里演出,那是巴纳比·巴尼斯写的《恶魔的契约》。《恶》剧中的角色出乎寻常地多,莎士比亚就是想躲都躲不掉。一个演员倘若自觉剧本配不上他,那还谈什么排练呢?因此莎士比亚一定是以一位优秀演员的谦逊和专注积极地协助,以使演出能够成功。巴尼斯小心地把自己的剧本印了出来,然而那幼稚的通俗剧和《李尔王》比起来,真是天壤之别。但莎士比亚还要在其中演出,假如是较敏感的人,早就气坏了,唯独他在别人剧本的幼稚与粗俗当中,丝毫不受影响。

除了风格拙劣之外,另一个让现代读者难过透顶的是亚瑟·布鲁克如影随形,非要让读者得到一个教训才满意,这也是伊丽莎白的子民最爱搞的一套。彭特说他之所以翻译罗密欧、朱丽叶这段不法的爱情故事,是因为它能教导读者"如何避免淫乱的欲望与放荡的心志所带来的毁灭、覆亡、不便和烦恼"。

布鲁克操的心更多:"……叙述给您看,一对不幸的恋人……罔顾父母、朋友的训示和劝告,却与饶舌的醉鬼和迷信的教士共商大事……滥用合法的婚姻之名,试图

戏剧大师——莎士比亚

掩盖秘密的婚约之耻，终因秽乱的生活，而遽赴最悲惨的死亡。"

　　莎士比亚的眼睛略过了所有这些教训和对罪恶的惩罚，只看到布鲁克的"遽赴"两个字。他没有就罪恶和惩罚来做文章，却写了因仓促而造成的悲剧。剧中人物的悲剧缺陷是因为他们都太匆忙，莎士比亚将原来的故事略加改动来强调这点。他把故事的行动由数月减为一周之内，在这"火热日子"的一星期里，一切急速地绽放，然后又急速地凋谢了。布鲁克的朱丽叶是十六岁，而他写的朱丽叶却只有十四岁，而且她对罗密欧的爱情"迅速热烈如闪电"。

　　布鲁克几乎未对角色做任何的刻画，对于保姆，则让她就照顾朱丽叶一事做了连他自己都觉得"可厌的长篇叙述"。莎士比亚也对这个逗笑的角色做了一番陈述，首演之日观众爆出的欢笑一直回响到今天。

　　何明基斯和康德尔处理莎士比亚的手稿几乎达三十年，对他的写作习惯有所说明，说他是个速度快的作家，"他的手、脑同行并进，说与写同样顺畅，我们难得收到他有涂抹的稿子"。那就是说，莎士比亚先把一切在脑海里想过以后才写在纸上。所幸的是莎士比亚能够"在自己脑袋中先将一切准备好，想完全"，不然他的职业岂能容他有漫长的余暇涂来抹去、字斟句酌？

　　剧本完成以后，通常是由作者对聚集一堂的演员们宣读，看他们是否要买。由于莎士比亚已是买主群中杰出的一员，且是风靡当时的剧作家之一，交易里的这一部分或许就可以免了吧！一般的作家收了钱交了货，一切便算完了，对莎士比亚而言，则是问题的开始，他要设法把铅字转换到舞台上去，使它们富有生命。

　　对于《罗密欧与朱丽叶》，首先要做的事情，是取得执照。剧本未经证明其中没有鼓动叛乱的情节前，不得在伦敦舞台上献演，以免带坏了易受影响的群众。女王并不在乎戏剧里不雅或亵渎神明的情节，这些要到下一任女王继统时

※ 朱丽叶的阳台

※ 为纪念莎士比亚而修建的位于伦敦的环球剧院

才禁止在舞台上使用。皇室只是要确定最受欢迎的传播媒介之一的戏院,不会做贬抑政府或女王尊严的宣传就可放行。

负责发执照的人是逊尼。本来飨宴官只检查在女王御前演出的剧本,可是他渐渐扩大了控制权力,以至于伦敦地区的所有戏剧必须被检查。他那个职位可是个肥缺,像《罗》剧的稿本送到他在可乐肯威的办公所在,还得附上7先令的费用。

剧本一旦领了执照,便不得再行增润,但是演员为了适应通常两小时的演出需要,就自由删节。

一般而言,莎士比亚的剧本都很长,他不是个很简约的作家,对于自己的力量并不节俭使用,也不会为多出的几个字而斤斤计较。他显然是凭着一股炽热而写,一旦纸笔在前,就再也中断不了,不会时时回顾,小心着剧本的长短。他完成的许多剧作都需三个多小时方能演完。因此,到了冬天,便不能在下午短短的白天里演出结束。正因为如此,莎士比亚的剧本在上演之前也必定要先行删节,而这个很可能在排练时由全体演员同意而完成。莎士比亚剧团里的人都有多年的实际舞台经验,可以放心地和他们一起删减剧情而不出差错。同时这些删节也不致影响原作,因为莎士比亚足本的原作,可以在他的剧团授权给印刷厂时全部印出来。

在莎士比亚的原稿上,稿页边缘写有裁减的建议,稿末附有逊尼的签名。这些散页以线连缀起来,再包上一层封皮(什么样的封皮都行,从草稿纸到过期的法律文件都成,只要经久耐磨就好)。等新戏登场之后,这本"书"便被小心翼翼地收藏起来,因为它是这个剧团有关这出戏的唯一正本,也是它正式领有执照的唯一证明。

执照之后下一步的花费可能就要付给为扮演不同角色的演员抄写戏词的人了。现在唯一存留的这种台词抄本是给艾德华·阿林用的,上头还有阿林改正的笔迹,不过与戏词的笔迹倒有几分相似。一张平常的纸张纵分成6寸宽,然后贴在一起成为一长条,演员可以把它卷起或摊开。上面有前面一段话的尾巴,左面的页缘上则有演出的指示。

《罗密欧与朱丽叶》的角色分配大概不需费事。团里的演员们对彼此的工作十分熟悉,他们没有个人的野心,纯粹从整体的优异表现而着眼,自己便能相互商议来决定角色的分派。因为印刷商人的错误,有一页《罗》剧的演员表给保留下来了,上面写着威尔·甘普饰演彼得。在该剧中最好的滑稽角色自然是保姆一角,而她的仆人彼得只有几句台词而已。甘普是当时最著名的滑稽角儿,可是"政务大臣剧团"却没有明星制度,只让甘普饰演他们认为最适合他的角色。

伊丽莎白时代的人并不认为演员角色是定型的。汤玛士·柏普是有名的丑角,可是一生当中他唯一固定演出的角色却是尊严的阿巴克塔斯,在同剧里演逗笑角色的,反而是个名不见经传的人。因此,我们可以推断,作为演员,莎士比亚演的不都是高贵角色,而且当年他也没有今日的声名,他像团里所有人一样,扮演对整体演出最合适的

※ 1955年,劳伦斯·奥利弗的剧照

※ 吉他

的罗莎琳在说到她将要成为"多变的、期盼而向往着的……满是眼泪又满是欢笑……就同男孩和女人一般"时，就是文艺复兴时的观点。一直到清教徒兴起之后，人们才认为男人和女人的生活方式应该截然不同，而男孩的许多天性也就被压抑着，因为它们"不像男人"。可是在莎士比亚时代，团里的童男却十分明了什么会惹年轻女子笑、什么又会让她们哭。

此外，这些男童子日日接受戏剧大师的调教，与像理查·柏璧基这么熠熠发亮的演员一同生活、一同工作，到该要他演女主角时，他已经耳濡目染，对演戏知之甚详了。他受过训练，能唱能跳，并随时保持优美的体态。最重要的是他受过训，知道如何使用声音，以塑造并维持女子的形象。莎士比亚写《罗》剧，心中便记着这点，他用台词来制造气氛，不让那两个演员做太多的肌肤接触。著名的阳台那一幕，两个年轻人互相扯着嗓子示爱，彼此相互爱抚。对近代剧作家而言，这是个不太高明的表达方式；现代剧作家宁愿让两个演员肌肤相亲来传达一见钟情的感受。

在布鲁克的诗里，两个小情人在舞会中静静地握着手，默默地坐着；莎士比亚则让他们说了一首十四

角色。灵巧而多变的演出是优秀的"固定戏目剧团"的根本，而"政务大臣剧团"正是这种剧团。

主要的角色分配妥当之后，次要的角色像市民、宾客什么的，可以由一人分饰两角来解决。如果仍然不够，还可雇用临时演员，酬劳是一天一先令。

近代作家常为莎士比亚剧中没有合适的演员饰演女角而感到遗憾，更为朱丽叶要由一个童子来扮演而叫屈。这样的想法是对当时的情形不了解，因为伊丽莎白时期的童子教养方式和现在不同。当时一般男人并不觉得写写诗、弹弹琵琶、穿丝着绸、佩挂珠宝、涂抹香水是娘娘腔。莎士比亚《如愿》里

戏剧大师——莎士比亚

行诗。全剧自始至终,在爱情的场景里,他都必须依从言辞而非动作。为了这些优美动人的文词,我们实应深深感激童子演员们。

在舞会里,卡浦雷一声令下:"来,乐师们,奏乐吧!"一群乐师们便奏起乐来,因为在剧团里派个会演奏乐器的演员去演出并非难事。莎士比亚的同辈像柏普和卜莱安,他们在丹麦"爱席诺"的宫廷中演出时,部分的任务即是"带乐器出场"。艾德华·阿林在叱咤剧坛十余年后,依然是个风格独具的"乐师",而甘普也被列名为"器乐家"。奥格斯汀·菲利浦斯去世时,还把乐器遗赠给爱徒。

在这时期,音乐是普通伦敦人生活中非常重要的一部分,即使像布莱德威尔那般的慈善学校,也教导音乐,至于售卖格子纸让人抄写歌曲,则更是有价值又能赚钱的双赢结局了。莎士比亚在剧本里展示的音乐知识在当时十分平常,也因此可以看出他的观众们定然具备相同的音乐知识和热诚(事实上,除去《错中错》之外,莎士比亚所有剧本中都用到音乐,他的歌曲常以琵琶伴奏,略似今天的吉他)。

"政务大臣剧团"若同"海军上将剧团"一般,便应该拥有许多道具。《罗密欧与朱丽叶》倒是不

※ 英国皇家莎士比亚剧院

※ 奥赛罗

需什么特殊道具，只要一些容易取用的就行，像保姆带上场的索梯、劳伦斯教士的篮子以及罗密欧用以转扭的铁棍等。另外还要一张床给朱丽叶，以及卡浦雷家的墓穴。

"政务大臣剧团"在《泰塔斯·安钟尼珂斯》一剧里已经用过墓穴，不过观众们可不会喜欢两次都看到相同的墓穴，因此必须改装一番。像汉斯洛的剧团，1598年的道具表上就列有三座坟墓。

《罗密欧与朱丽叶》演出时，"政务大臣剧团"恐怕也没打算使用逼真的布景，因为各景变换频繁，真配上景物，反倒减缓了行动的进展。再说，对于训练有素的观众也无需这样。罗密欧和朋友们与持火炬的人一起进场时，观众便晓得这是街上，他正要去参加卡浦雷家的舞会。等这群演员离开，另一批演员手臂托着餐巾上场，观众们立刻便知晓场景改变了：卡浦雷家正在准备开舞会。

菲利浦·席德尼曾经取笑这样的舞台技巧，实在低估了观众具有创意的想象力。莎士比亚却从来都不曾低估过它，他明白观众的想象能够更快、更有效地建起卡浦雷的屋宇。当他想让站在下午阳光中的观众觉得，光光的戏台上的一对恋人，其实是在晚上的果园里时，他便转而借助诗歌的魔法和力量，而他那受过最精良训练的听众，一边听着罗密欧的声音，一边也看到了果树顶端月儿的银辉。

"政务大臣剧团"平时都没有什么大花费，可是上演新戏时，置戏装却是免不了的。演员们穿的是当时舞台上的时装，自然不会是游街的衣服。因为那样不能产生传奇的气氛，华丽的戏服会给人遥远、辉煌的感觉（现在的舞台表演常借助灯光来达到这种效果），因而戏服在任何剧团里都是一笔大开销。

"政务大臣剧团"当然不会每演一场就置全套的新戏装，他们手边一定有大批行头，稍稍用点心思，便可使旧戏服焕然一新，尤其是舞会里扮活动布景的龙套，更可以用这种方式来打发。旧戏服一

戏剧大师——莎士比亚

用再用，直到再也不可用为止。但是在主角身上就不能这样俭省了，更何况罗密欧和朱丽叶都是贵族人家，穿戴岂能不符合身份？

菲利浦·汉斯洛有两个裁缝师傅，另外还雇用了几个人帮忙缝缀，置装的费用非常庞大。有一群戏里他在两个女主角身上花了9英镑的丝绸，一个临时演员要三十个星期才赚得到这么多。便宜的料子像粗棉布固然可用以撑挺戏服，但观众是瞧得见的，还得使用丝绒、缎子和丝绸。它们的颜色必须鲜艳抢眼，同时还有着撩人遐思的名字，像什么豌粥黄、啄鸟蓝，甚至还有鹅粪绿。

至于缝制戏服的师傅，似乎认定了让演员觉得越麻烦、越不舒服、花费越大的戏服越好。伊丽莎白时期剪裁的基本概念是平顺不断的裁剪，用鲸须或粗棉布衬垫使衣服拱起，好像与穿的人无关似的，不论男女都拼着老命束成极窄的纤腰，垫出个大大的屁股和宽阔的肩膀，许多男人甚至穿上紧身袖，以达到理想的效果。有的甚至于袖子也用鲸须来撑挺，紧身衣则坚挺到穿者几乎弯不了身。裁缝师傅大

※ 莎士比亚时期剧团对演员们的服装要求很严谨

※ 罗密欧与朱丽叶油画

量使用棉花、马尾、谷壳或破布来为顾客们缝制成当时流行的凸胀款式。至于如何把这样僵硬的衣服与决斗场面中的激烈动作配合在一起，那就是演员自己的问题了。

所有的衣服都是经过烦琐的缚系束接才能穿上身，因而要想迅速换装，并非易事。像长筒袜连在紧身衣上，斗篷要用暗索在腋下绑着才能披在肩上等等。女人的戏服由于需要大量的大头针，更是繁复至极，她们衣服的各部分可以分开，以便运用不同的色彩组合，就连大头针也还有"大裙针""中裙针"等的分别。

围着颈际的襞褶也是一大问题。稍有一点社会地位的人，个个都在脖子上穿上那么一圈。在莎士比亚剧本里，甚至连娼妇也照穿不

误。这样的襞褶制作起来很麻烦，要把它浆得硬挺，再用热的凝结棒打上深褶，大些的褶子还需要在颈际绑上纸板和金属丝以支撑。

伊丽莎白时期的衣服除了穿着很不方便以外，还经不起天气的变化，遇着大雨突降就是"世界末日"，襞褶里的硬浆溶去，就只剩下一圈废物黏在演员的颈脖上。再加上印染的技术还不到家，鲜艳夺目的色彩并不稳定，大雨一淋，真是惨不忍睹。

不过，不论戏服的制作如何麻烦，一到演出的时候，罗密欧、台伯特、梅丘帝欧的服装自然就会制作妥当，穿起来既帅又尽可以在决斗中拼个你死我活。从戏服的角度来看，《罗》剧还有个优点，那就是不需要盔甲的战争场面，因为盔甲既贵，穿、脱也极费事。

为了确定道具皆已准备完毕，而演员们也熟记着进场的暗示，在后台显眼处挂有一个大纸板，上面便载明了有关的各个事项。至于机关装置的安排使用，时间也必须仔细算定配合。

有些剧团以罚款的方式来严格控制排练的情形。演员排演如果迟到罚12便士；倘若缺席，则罚2先令。正式上演时，在特定的时间内未能穿戴停当，罚3先令；若是灌得

戏剧大师——莎士比亚

烂醉，则罚10先令；假使非因"生病的正当原因"而完全缺席，则罚20先令。

剧团里的人们通力合作，一切逐渐完成，各演员脑海中的角色也逐渐成形。《罗密欧与朱丽叶》的演员们不仅演出的经验丰富，晓得怎样才能做有效的集体表演，更有幸与角色的原创者共事，能够得到对角色内涵的指点。就这样，这出戏渐渐有了生命，每个人的付出也越来越多。

最后的花费便是做广告了。广告印在单页纸上，叫作"戏单"，在城里各处可能会张贴，以招徕观众。这种广告花费也很可观，却是一点也省不得。这笔钱都要送进詹姆士·鲁罗伯茨的裤袋里去，因为他有权"独家印制演员们各式各样的戏单"。伊丽莎白时期的各行各业多是垄断性的买卖。

通常一出戏需要印制多少戏单，现在已无从知晓，只知一名剑客举办私下的比斗，订制百份以上的传单以宣传。这时期的戏单目前仅存有一张，恐怕也难作为代表，因为后来并未演出。不过，假使这张《英国之欢》的戏单显示的是正常的程序，当时的习惯便是将每个重要的剧情都以华丽的言辞详加叙述。

一出新戏总会吸引大批观众，因此不必选在节假日的黄金档来上演。像《罗密欧与朱丽叶》可能会在礼拜三或礼拜四推出。剧团花30先令左右制个丝旗，悬在角楼上，表示戏剧已开演。剧场里卖饮料、水果的都做了大量准备，收费人员也都各就各位，号手则等着说开场白的人暗示下来，全戏就正式上场了。

伊丽莎白时期的戏剧演出不会让观众出其不意，它让观众知所期待。假使进入戏院时尚不知道《罗密欧与朱丽叶》究竟是何故事，说开场白的人自会让你满意。他单刀直入地明说，这一出戏是关于两个不幸的恋人，最后以死殉情，因为双方家庭有世仇。接着扮演卡浦雷家里的两个小角色持剑带盾上场，全戏就开始了。演出倘若博得喝彩，便纳入剧团固定戏目之中，也许在下周某个时间里再上演。如果失败，从此便被遗忘，别的新戏立刻又开始排演。

《罗密欧与朱丽叶》很快大获成功，人人都喜欢它，年轻人更是喜欢极了，因为它化他们的幻梦于诗，然后再还给他们。16世纪90年代末期有个讽刺家，讥嘲伦敦各式各样的年轻《罗》剧狂，说他们所谈的"无有他物，只有朱丽叶和罗密欧"。这些青年们在自己的佳言集录里记下了剧中的许多诗句。罗伯特·阿洛特1600年出版了诗文选——《英国诗文集》，其中收录《罗》剧的诗句之多，远超过引录自莎士比亚其他剧本里的诗。

《罗》剧的痴狂观众实在太多了，因此，1594年印制《泰塔斯·安钟尼珂斯》剧本与歌谣的约翰·丹特于1597年又发行了《罗密欧与朱丽叶》的剧本和歌谣。在书名页上丹特特别指出，该剧迷住了许多人，获得"大大的赞赏"。看过的伦敦人还想再看，未看过的人更是急于一睹该剧。丹特的版本畅销一时。

但是，丹特版的《罗》剧实在不理想，它的讹误甚多，由于《罗》剧正本并未印行，丹特便只好东拼西凑一番，这种情形在当时是很普遍的。丹特版制作人员既无莎士比亚的功力，又无听台词的好耳朵，有些地方真是贻笑大方。譬如，卡浦雷要些干燥的木头，却说："喊彼得来，他会带你去。"由于饰演彼得的是威尔·甘普，丹特的"海盗版"凭着对威尔依稀的记忆，竟写下一句让所有演员都会疯掉的话："威尔会告诉你到哪里去拿。"

此外，它对于舞台效果的破坏也很有一手。阳台那一幕中，当朱丽叶轻声呼唤罗密欧回来时，保姆一直在喊"小姐"；海盗版居然让罗密欧也回答"小姐"，使人觉得他是在对保姆学舌。全剧不但错误百出，而且印刷质量很差，同一本书中竟出现两种不同字体。

莎士比亚不是遭受这种虐待的唯一作家。乔治·柴普曼一出甚为流行的戏——《亚历山大盲丐》，就被盗版砍得体无完肤，而"海军上将剧团"仍然不想发行正本，以正视听。"政务大臣剧团"则不然，它在丹特的错误版本出现两年之后，另出了一本新的"加大而修订过的"版本。

《罗密欧与朱丽叶》的成功部分包含精巧的舞台技术和优美明晰的台词，然而全剧最大的功力却在角色的描摹刻画上。在英国舞台上，还不曾出现过像莎士比亚这样才气纵横的人，能够塑造出栩栩如生的人物。他在早期的剧本中已偶尔显示出这种迹象，但到加入"政务大臣剧团"后，才开始在舞台上塑造一系列逼真的人物。这不只令当时的人惊叹赞赏，至今也令人叹为观止。这种刻画角色的气势力量自然原已蛰伏在他体内，但是若无有利条件，则永远也开不出花朵。饰演《罗密欧与朱丽叶》的演员假使辜负了他的期望，他还会有心再继续写《哈姆雷特》和《李尔王》吗？

戏剧大师——莎士比亚

好戏连篇的剧作家

莎士比亚获得团里人员的关切、支持不止于《罗》剧。不论哪一剧,他都得到了剧作家所最需要的:团员们灵巧和谐的演出,以及发挥他塑造角色的才气所需的空间。即使在吃力不讨好的历史剧里,莎士比亚也能在战争和号角声中塑造活灵活现的人物。

莎士比亚为"政务大臣剧团"首次编写的历

※《仲夏夜之梦》油画

※伊顿公学立着亨利六世的塑像

史剧可能是《约翰王》。《约》剧亦是老戏新写，剧情几乎与旧剧完全相同，然而他却只用了原剧中的一句台词，因为他并不只是重写旧戏，他要做彻头彻尾的改换。原剧中没有角色描绘，莎士比亚却仍然觑个机会，塑造了梅丘帝欧的前身——那饶舌而爽朗的傅康伯利基家的私生子。

在另外一出历史剧里，莎士比亚则根据贺林虚德的《编年史》来结束蔷薇战争，而在《亨利六世》的上、中、下三出连续的剧中也记载了这个战争的情形。莎士比亚通常并不采用马罗的方式，绕着一个大坏蛋来营构全剧，但《理查三世》中"约克的理查"却是个恶透了的大坏蛋。他身体有残疾、计谋狠毒。理查·柏璧基演活了这个角色，在最后理查败亡那场戏里，当他喊着："一匹马！一匹马！我的王国换一匹马哟！"他一定过瘾极了，由于他表现得太好了，这句话竟成了戏台上的常语，被许多人所仿效。

在《理查二世》里，莎士比亚对于这位自导自演、成日沉浸在白日梦中的君王的脾性特别感兴趣。他笔下的理查二世甚至能以审美的快乐眼光来看自己的覆亡，而他的悲剧也不能完全算是悲剧，因为这个国王无心处理各种事务，只是整日沉浸在自己对各事各物的感受中。

理查二世毁于注重实际的堂弟之手，这个亲戚后来成了亨利四世。在《亨利四世》里，莎士比亚以篡位的方式来处理这个问题。莎士比亚各历史剧彼此紧密交织，因此大多一气连贯。《理查二世》剧终时，新王亨利表示与儿子有麻烦，海尔王子老爱跟着一班"狂放不羁的伙伴们"到处走动。等莎士比亚着手写新戏时，他就把精神都放在海尔同他的弟兄身上了。

海尔王子那帮恶名昭彰的追随

者的领头是约翰·旧堡爵士。莎士比亚在伦敦有很多机会可以观察老战士们,对于军队里的贪污敛财知之甚详,也对这批"老怪物"们的欺诈、求乞十分了解,他把这个与意大利传统的骄狂自大的军人形象合并,一部旷世喜剧杰作遂从原无多大写头的题材里诞生了。

"政务大臣剧团"在扮演《亨利四世》第一部时,约翰·旧堡爵士一出现在舞台上,观众便爆发出一阵发自内心的狂欢,并立即便把这个丢人的老绅士形象收入心底。其实,把这样的恶名加在可敬的"旧堡"姓氏之上并不公允,在现实生活中,约翰爵士是个著名的武士。莎士比亚好意地将亨利·旧堡改成了约翰·法史达夫,且在该剧第二部中继续使用此名,却与另一高贵姓氏发音近似而遭人非议。要使人人都满意,看来是不可能的。

虽然莎士比亚把姓氏从头到尾都改换了,但16世纪末仍然有很多人管该剧叫《约翰·旧堡爵士》。"海军上将剧团"因此抓住机会,演出一部真正根据史实改编的约翰爵士。他们宣称,他们的戏是有关一个品德高尚的贵族的,他们甚至在结束开场白时,强烈地暗示"政务大臣剧团"背叛了史实。

这时,莎士比亚一直在写喜剧,他的技巧日趋上乘,最终能臻于化境。他替"政务大臣剧团"写的首出浪漫喜剧,可能是《维洛那二绅士》,其中他用心探讨爱与友情的主题,在某些方面有着《空爱一场》里的虚矫。《维》剧情颇为复杂,他让女孩穿上男装去做她爱人的书童。后来在《第十二夜》中,他又使用了这一招,造就了欢笑连绵的一幕。他又设计了一群遭受流放的贵族,在森林里安身度日,成为后来《如愿》中这帮人的雏形。《维》剧中有好些布局,其后均在《罗密欧与朱丽叶》中重现,如教士、索梯、遭受贬逐等。莎士比亚喜欢采用旧题

※纽约中央公园的莎士比亚塑像

※《威尼斯商人》电影剧照

材，甚至连自己用过的都不放过。他善用旧剧、旧书为题材，且改进的技巧已达到相当高超的境界。

莎士比亚对于创新一向无多大兴趣，反而将过时的中世纪的"丑角"一用再用。像马罗、班·江生这些人都很不愿意为了迎合大众口味而在仔细编写的剧本里插入丑角。伦敦观众数世纪以来已经熟悉了剧中的丑角，莎士比亚认为何必剥夺这久为大家所熟悉的乐趣呢？在《维洛那二绅士》里，虽然不必有小丑，但他还是加进了小丑，以博观众一笑。他继续使用丑角，毫不觉得自己优于当时一般的舞台技巧，然后在使用中将其改头换面。

莎士比亚这时另外还写了一部浪漫喜剧《威尼斯商人》，再度以想象之城作为故事的发生地，因此威尼斯和维洛那一样地不真实。更与实际不符的是剧中人讨论高利贷的方式，事实上放高利贷的情形在伦敦和在威尼斯一样普遍。伊丽莎白登基之初虽曾敕令放高利贷是罪行，但也规定一分的利息为合法。莎士比亚观众中有半数的人就在以高利放款或贷款，他们很明白《威尼斯商人》只是民俗剧，与当前经济状况无关。白白放款予人才是傻子呢！

莎士比亚对夏洛克一角的描述也不能当真。这只是民间的看法，莎士比亚本人从无机会见到真正的犹太人，中世纪时他们已经全被逐出英国，法律严禁他们再在英国出现。也许夏洛克之罪不在于他的种族出身，而在于他的宗教信仰。

戏剧大师——莎士比亚

当夏洛克的女儿说到"我将因我丈夫而获救,他已经把我变成了基督徒"时,在观众的眼中,她是可以被接受的。

莎士比亚在伦敦遇见的"犹太人",或许是希伯来族已受洗为基督徒者,然而其中应该没有夏洛克式的人。莎士比亚的"取样"应该是源于中世纪基督徒的传统思想。这种思想根深蒂固,连大作家亦不能免俗。如乔塞描述的一个"该死的犹太人",是以杀害基督徒小男孩为日常行径之一;马罗的《马尔他的犹太人》里,巴拉巴斯企图毒死整城的基督徒,结果被丢进热锅中,大快人心。虽然莎士比亚描述的是民间的形象,却不妨碍观众看到真实的人。当观众希望一个单纯、逗趣的坏蛋时,莎士比亚就给了他们夏洛克。"我是个犹太人,难道犹太人就没有眼睛?难道犹太人就没有手、器官、身体、感觉、感情、热情?如果你戳我们,难道我们就不流血?"

《威尼斯商人》中有各式各样的素材,并非依据单一的素材而处理,否则在现代观众眼中就会显得单调。在《仲夏夜之梦》这出戏里,他手法纯熟,运用了一个在《空爱一场》中用过的布局,让戏迷们重新欣赏似曾相识的剧情。神仙们皆由孩童扮演,他们所受的严格舞蹈训练颇有助益。莎士比亚在无意间,为未来的读者完

※ 伦敦塔桥

※ 威尼斯电影剧照

全改变了神仙的形象。在以往，他们是满怀恶意，住在泥土中的乡村小人物，而莎士比亚却让他们居住在花丛之中。

1598年9月，有个叫作法兰西斯·米尔斯的牛津毕业生，出版了一本书——《巴拉帝斯塔米亚》。在书中，他提到以上那些剧本，都写于莎士比亚加入"政务大臣剧团"的前四年里，写作的时间在1589年9月之前。米尔斯还说莎士比亚"在他私人朋友间"，传抄着"甘醇的十四行诗"。米尔斯并且列出了一长串莎士比亚的剧作：

"譬如蒲劳斯塔斯与塞尼加被认为是最好的拉丁喜、悲剧作家，无疑莎士比亚在这两方面都是最优秀的；喜剧方面，他有《维洛那二绅士》《错中错》《空爱一场》《爱的胜利》《仲夏夜之梦》《威尼斯商人》；悲剧方面，他有《理查二世》《理查三世》《亨利四世》《约翰王》《泰塔斯·安钟尼珂斯》和《罗密欧与朱丽叶》。"

《爱的胜利》恐怕就是《驯悍记》，米尔斯只漏列了《亨利六世》的三部连续剧。

作品能够这样被明列出来，在伊丽莎白时代的剧作家里，莎士比亚是独一无二的。米尔斯还列有许多其他的剧作家，如葛林、吉德等通俗作家，贵族则有巴克赫斯特爵士和牛津伯爵等人，他还加上了新人班·江生。然而，米尔斯唯独对莎士比亚大加赞赏："缪斯女神若说英文，也会以莎士比亚精雕细琢的言辞来说话。"足见其对莎士比亚赞佩之深。

成为名流贵族

晋身名门贵族

莎士比亚在伦敦的十八年里，在史特拉福的莎士比亚家为了土地问题，两度与人艰苦争讼。打官司也是伊丽莎白子民们的日常事，少有哪家是没上过法院的。莎士比亚的父亲老莎士比亚一生当中打过的几次官司多半是与债务有关，有赢也有输。但是有关他妻子在韦木柯特继承的土地，却发生了令人分外难过而又艰辛的诉讼事件。

老莎士比亚突然离开议会之后急需钱用，便向妻子的姻亲艾德蒙·蓝伯特借了40英镑钱，以玛丽·莎士比亚的一些土地做抵押。与大片土地相比较，40英镑实在微不足道，但既然是与亲戚往来，老莎士比亚觉得应是安全无虞才对。

这笔款子言明在1580年归还。这年莎士比亚家境遇不好，但老莎士比亚仍然准备了40镑现钱，跋涉了十五里到南边蓝伯特住的村庄里去还钱。蓝伯特不肯把钱收下，说老莎士比亚欠的钱不止此数，七年之后蓝伯特去世时，手上还握有这片土地的契约。

蓝伯特死亡那年，老莎士比亚的运气又不济。他的兄弟亨利欠人10英镑无法清偿，人家一状告到他头上来，要他代偿；另外他帮人作保，又因被保人言而无信，平白损失了10英镑。虽是这样，老莎士比亚领着妻子和儿子威廉，仍于1588年在华维克的高等法院递了一份诉状，控告蓝伯特之子及继承

◇ 图 说 名 人 ◇

名人名言

习气那个怪物，虽然是魔鬼，会吞掉一切的羞耻心，也会做天使，把日积月累的美德善行熏陶成自然而然而令人安之若素的家常便饭。

——莎士比亚

人。次年开庭审理,结果莎士比亚家败诉,因为伊丽莎白时代的质押法刚硬而无转圜的余地。

老莎士比亚不肯认输,八年之后他再度控告蓝伯特家。结果无处查考,然而却无证据显示他夺回了土地。

第一次土地官司败诉五年后,老莎士比亚又丧失了另一项财产。1594年9月,史特拉福发生大火,抢救不及,延烧远至汉里街。莎士比亚家自住的两间房屋幸未波及,但第三栋则在火灾中被毁。

这栋房屋损毁之后两年,莎士比亚家又发生了更令老莎士比亚心碎的不幸。他的小孙子汉尼特是家中唯一的男孩,也是莎士比亚家唯一的子嗣,于1596年8月夭亡,只有十一岁。还活着的两个孙女,一个是汉尼特的双胞胎妹妹茱蒂丝,另一个则是十三岁的苏珊娜。

汉尼特于8月11日下葬在史城,这时他父亲的剧团正在肯特一个镇上公演,距伦敦四五十里。假如这孩子卧病已久,也许还有什么法子给他父亲捎个信儿,让他及时赶回参加丧礼。演员们一旦出了城去做巡回表演,要想送信给他们,只有先赶到他们的预定地等着拦截。然而,即使送信者清楚剧团的路线,也未必就能送达。像汉斯洛对他女婿的行业了如指掌,但是阿林去做巡回演出时,他还写信说:"我们本来可以写得勤些,

※ 哈萨克斯坦剧团表演的《哈姆雷特》

戏剧大师——莎士比亚

但是我们不知道往哪里捎给你。"因此，除非有关汉尼特的信息在1596年莎士比亚离开伦敦去巡回公演以前送到，否则就要一直等到他返回伦敦才能收到了。

自那以后，老莎士比亚生活里就未再有不幸发生过。在他余下的五年里，他不仅过得平静无波，而且，他那从事为人鄙视的戏剧业的长子也越来越富有、越来越受人尊敬。他与日俱增的光芒甚至映照到了史城莎士比亚家的门楣上。

首次表面上的改变起于1596年，也就是汉尼特发生不幸的那年。10月20日，伦敦的纹章部又为约翰·莎士比亚绘制了新的纹徽，老莎士比亚于是正式成为贵族。可以确定的是，这档子事是出于小莎士比亚的安排。老莎士比亚所接受的纹徽其实是二十年前所设计的，美观而简单：一面金盾，上有黑色条纹横过，盾上有银尖的金矛；至于纹章上端的饰章，则有展翅银鹰镶于银色花环之上，并擎着长矛。从此，老莎士比亚及其后代就可以把这个纹徽刻在"戒指、图章、大厦、器皿、衣服、墓碑及纪念碑上"作为炫耀了。

约翰·莎士比亚过世后，他的儿子威廉·莎士比亚继承他的身份，成为绅士。这时，对于莎士比亚家人是否适合颁予纹徽，在纹章部起了争执。纹章的颁发本身并无不妥，只是部里的官员们彼此不合，有个名叫罗夫·布鲁克的人便借题发挥，列出错误表攻击颁发纹徽给莎士比亚家的两位官员。关于莎士比亚家的事，他认为"演员莎士比亚"不配得纹徽，而且莎士比亚家纹徽也与摩里爵士的纹徽太相似。

那两个官员对布鲁克提出意见而答辩的手稿至今仍然存在，上面并列了莎、摩两家的纹徽，他们表示两者大异其趣。同时，他们认定颁赐纹徽予约翰·莎士比亚并无不当，因为"其人曾任埃汶河畔史特拉福之执法官、治安法官，并娶妻阿登家族后裔，兼又颇富资产"。

为莎士比亚家辩护的两个高级官员之一是纹章部长威廉·康登。康登在文学界、史学界颇负盛名，他写的《大英帝国》一书在英国得到的评价甚高。由于他常以拉丁文著述，因此在欧陆的声名更高于国内。正因为他是知名的作家与历史学家，所以虽然从无在纹章部工作的经验，却能跃登部长高职。康登非常赞慕莎士比亚的文采，他曾列举当代诗人始于席德尼和史宾赛，止于威廉·莎士比亚。康登是当时既认识史城的莎士比亚家、又与伦敦这头的小莎士比亚相识的少数人之一。

※ 英国白金汉宫

获得纹徽后不到一年，史城的莎士比亚家又朝显赫之途迈了一大步——1597年5月4日，威廉·莎士比亚买下了城里第二大的一栋房子。

"新宅"虽然只是一栋房子而已，但它是史城崇高地位的象征，坐落在"市政教堂"对面。原先的屋主——休·柯罗普登爵士，一度是伦敦市长，他建这幢"我的大屋"是为退休养老之用的，在教堂里还拥有专门的"柯家坐席"。

1543年柯罗普登归天之后，"新宅"尚被描述成是"一所漂亮的砌砖和木头房子"。在史城，砖块并非常用的建材，此时的薄砖似乎并不能耐久。到了莎士比亚童年时期，"新宅"已是年久失修了，也许就是这个原因，莎士比亚才得以60英镑的低价买下，尤其史城经过两场大火后，好房子已经没有几栋。莎士比亚一定大加整修了一番，掘起的地基碎石还卖了一车子给每年负责修补石桥的公司。

"新宅"有一座古花园、一座果园和两个谷仓。它的主人在当地无疑是拥有着崇高地位的。莎家人经过这么长的时间之后，终于赶上了遥遥领先的昆尼一家。

说来还真是风水轮流转哩！

1598年，理查·昆尼在伦敦时，居然还想向威廉·莎士比亚借钱。昆尼去伦敦是为了史城的公务，由于城里经济不景气，又连续发生了两次火灾，想请求免去史城的税收。10月25日，在他赶往法院之前，他在卡特路的"钟"旅馆里写信，希望他"敬爱的好友和同胞威廉·莎士比亚"能借他30英镑钱，并表示愿意提供极佳的抵押品。

昆尼究竟要钱做什么，无法确知。他告诉莎士比亚是要偿还"我在

戏剧大师——莎士比亚

伦敦负的债",可是他父亲老阿德利安却写信给他说,附近伊夫山镇上,针织长筒袜的买卖很好,若是借得了钱,不妨投资20英镑于长筒袜,必能捞一笔。或许昆尼借钱部分是用以还债,部分则用以投资吧。

约于1598年,威廉·莎士比亚已经成为史特拉福主要屋主之一。但是他不像理查·昆尼,他从未对城里的福利感兴趣,也不在意史城公务是怎样处理的。城里在他名下的记录几乎空白,莎士比亚在史城的主要活动除去不动产购买的不断增加外,便是因债务问题与镇民对簿公堂。

这位伦敦演员在自己家乡似乎严肃而拘谨,不像与伦敦的团员那样,与他们维持着平易、闲适的关系。他对营建莎士比亚家财富深感兴趣,却对自己身为镇民的职责和史城的命运不太感兴趣——虽然他在该地的朋友不少,如汉尼特·沙得乐,而且也喜爱自己出生的史城和附近的乡野。

在史城,莎士比亚名下寥寥可数的记录之一,是1598年2月全英国所做的调查,要看看有多少大麦是掌握在私人手中的。史城每一个大屋主都上了报告,包括"新宅"的主人在内。

由于连续几年英国都发生令人惊慌的歉收情形,枢密院便严密监视着各地小麦、大麦的价格,以防人们乘机获取暴利。枢密院下令调查各地谷仓,强迫囤积居奇者以平价售予大众。

史特拉福的问题是,平常来自乌斯特与格洛斯特邻近两郡的谷物现在却销售到价码高的地方去了。枢密院因此严令两郡详查,连同调查史城是否有人非法囤积。

调查结果显示,家家都是非法囤积,威廉·莎士比亚非法多囤了80蒲式耳(量词,1蒲式耳约合27.216千克)的麦芽;莎士比亚家受人尊敬的邻居——一位校长,多囤了80蒲式耳;还有一位有头有脸的邻居更多囤了130蒲式耳。有好些家人口比莎士比亚家少的,囤得都比莎士比亚家多。

16世纪90年代,经济不景气,连年苦雨和歉收并非主因。自从英国歼灭了西班牙无敌舰队之后,英国为与西班牙交战,民间税赋便愈来愈重,天然资源也榨取殆尽。欧洲许多市场因战争而关闭。

另外海盗猖狂,运费增高,货物价格根本无法稳定。再加上与德国进行经济战,爱尔兰叛局又告急,物价不断攀升,工资与租金却远远落后。后来粮食也告短缺,16世纪末就更是一片愁云惨雾了。枢密院所能做的,也仅是建议伦敦人少吃几口饭罢了。

最长的剧——《哈姆雷特》

1603年,有人擅自出版了《哈姆雷特》剧本,内容很烂,在标题页上,它说明这出戏已多次在"伦敦城及剑桥和牛津两大学"中演出。在剑桥和牛津大学里演出,恐怕不可信,在伦敦城演出倒是可能的。

《哈姆雷特》中悲喜剧交叉,没有遵守三一律,还有许多其他不合习俗惯例之处,上过大学的青年人一眼便能辨识,因此一定对这出戏不表赞同。

※ 舞台剧《哈姆雷特》

戏剧大师——莎士比亚

《哈》剧情取自"政务大臣剧团"里一出老掉牙的通俗剧,约在莎士比亚初抵伦敦时即已写成。那满台乱走哭泣着说"哈姆雷特,复仇呀!"的鬼魂,正是16世纪80年代后期舞台上一窝蜂的噱头。除非有某种原因耽误了复仇,不然全剧在第一幕里就可以完结了;只是复仇的主角哈姆雷特,就同晚年的伊丽莎白一样阴郁而犹豫不决,一直举棋不定无法采取行动,最后毁了剧中所有的人物。

16世纪90年代末期,许多青年在"世纪末"的风潮里,对大学和四法学院持悲观的看法,高谈阔论生命的空无、英雄式行动的徒劳与性爱的堕落。哈姆雷特部分造型即源于此。不过,他也是提摩西·卜莱特医生所描述的忧郁症患者,他"不容易行动","会做令人惊悸害怕的梦","思考精密而多疑","有时愤怒,有时快乐",而且"感情激烈"。这样的人常常懂得太多,不信任朋友。

对于卜莱特医生的这番分析,莎士比亚的了解与兴趣也就止于此了。他明白哈姆雷特介于灵与肉的困境之

※ 早期表现威尼斯商人的画本

中,那正是每个人自己悲剧的核心所在。他把哈姆雷特塑造得真实而让人心惊:他虽有礼貌却又粗莽;他聪敏却自憎自怨;他矛盾不定却又教人惊惧。自他而后,代代人都能从他身上认识到自己的形象。

《哈》剧是出人人叫好的戏。就以它最低的水准来看吧,它也是一出营造高妙的通俗剧,其中鲜血横流、壮观的景象,斗剑的场面层出不穷,即使最会打瞌睡的十岁小儿也会开怀大乐。而它最高的层面,又能深达于人心里的秘密国度,让上智者看到一片新的景象在他面前展开。

当时人们对《哈》剧的成功发出的回响至今仍能稽考。安东尼·史哥洛克认为任何理想的写作都应该像席德尼的《阿卡第亚》(原为古希腊一山区名,以人民生活淳厚宁静著称)或者像"适度的莎士比亚悲剧……像哈姆雷特王子"。盖伯·瑞雪哈威也以工整的笔迹写下了一些评述:"年轻一辈从莎士比亚的《维纳斯与阿多尼斯》里获得了莫大的愉悦;但他的《卢可莉丝之辱》和《哈姆雷特》却讨好了智者。"《卢可莉丝之辱》这时已出到第四版,一般人都

※哈姆雷特剧照

以为它是莎士比亚最好的作品。

莎士比亚在《哈姆雷特》上面不惜花大量笔墨，与《尤利乌斯·凯撒》中的简略成为明显的对比。《哈》剧是莎士比亚最长的一部剧著，而且所含的新字也最多，如何做适当地删减以适合于一般的舞台表演，在当时一定是颇令人头痛的问题。

不论《哈姆雷特》的演员如何删减，恐怕都不肯把哈姆雷特对"孩童的空想"所做的议论省略，因为这些让观众们"狂暴地鼓掌"的孩子们，与成人剧团间白热化的竞争，早就看在观众眼里，看戏的人见到舞台上做这样的表演都会乐不可支。

童子剧团当时的盛况，还是柏璧基家无意间促成的。童子剧团原是都铎王朝支持的儿童合唱团，有时在歌唱教师的指导下也演些宫廷剧，这儿童合唱团就叫作"皇家教堂儿童"。1600年，有位亨利·伊凡斯重组新团，保留原名，却不再有皇室的支持，而成为完全的商业组织，以赢利为目的。

这个"教堂"剧团的赞助人是牛津伯爵，由于演员清一色是童子，所演的戏也多半吸引较高阶层的观众，因此布莱克·弗莱尔的居民便未反对，"教堂"原先演出的地方因为改成了私人住宅，而柏璧基家的戏院却仍空着，伊凡斯便于1600年与理查·柏璧基签约，以一年40英镑的价钱租下了他的戏院。

"教堂"剧团只售座票，不卖站票，没有像"环球"或"财富"这种大戏院里那种因陋就简的圆形剧场的气氛，因而吸引了文化水准较高也较富裕的人们。这种童子剧团表演的重点在音乐上，他们使用风琴、琵琶、潘多拉、曼陀林、小提琴和横笛来演奏。据一位四处游历的公爵说，"除了米兰的修女外"，他再没听过比这更好的歌唱了。

在亨利·伊凡斯重整"教堂儿童"之际，艾德华·皮尔斯也重组圣保罗教堂的歌唱班。起先他们演些原有的老戏，却发现实在过时太久，因而网罗了一些如马斯腾、江生和柴普曼之流的人来为他们编写戏剧。三重子剧团给予作家们较多发挥的自由，不像在汉斯洛严酷的商业眼光下没有施展的余地。伊凡斯甚至还鼓励作家们采用嘲讽和煽动感情的手法，而布莱克·弗莱尔的"教堂儿童"一方面卖座鼎盛、座无虚席，另一方面则常与"剧检处"纠扯不清。

1601年初左右，江生和马斯腾及汤玛士·戴克两人闹得不欢，马斯腾为保罗童子剧团写了一出戏，

※ 琵 琶

剧中对江生加以羞辱。江生于是也写了出《劣等诗人》，对马与"政务大臣剧团"中的好些演员大肆抨击；戴克因此又为"政务大臣剧团"写下一出《滑稽诗人解衣》还以颜色。不过一两年后，这所谓的"戏院之战"渐渐便销声匿迹了。

莎士比亚在《哈姆雷特》中曾提及这场"战事"，不过却未表示倾向于哪一边。哈姆雷特明智地建议说，童子演员不该怂恿他们的剧作家攻击成人演员，因为他们总有一天会变成成人演员的。果不其然，在十年之内便有好些童子演员加入了"环球"戏院的"政务大臣剧团"。

17世纪初，几乎每个重要剧作家都曾为童子剧团写过剧本，并且都很尽心尽力。唯一的两个例外是汤玛士·赫伍德和威廉·莎士比亚。

赫、莎两人都是成人剧团里的股东，莎士比亚或许是为了忠于自己剧团的关系吧。即便不是如此，他也未必会替童子剧团写戏，他不同于江生，对伦敦的普通戏迷丝毫未存轻蔑之心，他也无意只为一小群特殊身份的观众编写剧本。莎士比亚习惯于一大群兴奋、毛躁的观众，他们辛苦赚了钱来看戏，若是他们觉着枯索无味，他们可按捺不住，立刻就要表现出来让你知晓。

莎士比亚的观众不会厌烦他，而莎士比亚似乎也不会厌烦他的观众。

小有财富的地主

得到新国王的赏识

在和"政务大臣剧团"同辈一道工作的这些年中,莎士比亚在伦敦一直居无定所,租住别人的房子,而无自己的产业。

莎士比亚初入"政务大臣剧团"时,住在伦敦城东端的圣海伦区里,算是戏院的邻近地区。圣海伦是伦敦最贵族化的教区之一,以有许多美丽的房屋著称。

莎士比亚星期天一定要上圣海伦教堂去做礼拜,教区里人人都发有金属识别物,星期天都得交到圣餐桌上,不然后果严重,因为这样立刻便会成为政治嫌疑犯。圣海伦教堂哥特式的塔尖从泰晤士河边就可望见,那里的墓碑和纪念碑之多,仅次于西敏寺。

此时英国的税收都由教区经手,1593年,莎士比亚便被列在圣海伦的税收名单上。1596年,在他这一教区中共有73名需交赋税的居民,而莎士比亚的物品被列为值5英镑。这么看来他竟不像是个大牌演员呢。不过对当地最富的人的财产的估价,也不过300镑,再说理查和库斯柏特两兄弟在圣李奥纳教区所得的估价比莎士比亚还少呢!

政府的政策是低估财产价值,而高定税率。1597年,莎士比亚应缴13先令4便士的财产税,税率达13%。税务人员要收税也并不简单,因为伦敦的人口流动性大,圣海伦便约有1/5的税是收不到

◇ 图 说 名 人 ◇

名人名言

聪明人变成了痴愚,是一条最容易上钩的游鱼;因为他恃才高学广,看不见自己的狂妄。

——莎士比亚

※ 基督教徒认为做礼拜时耶稣会在场，以帮助清洁自己的灵魂

的。像莎士比亚便欠下了最后的5先令。

1599年，政府决定一定要收到莎士比亚的税款，调查结果却发现他住到"克林克的立柏提"去了，已属于温彻斯特主教的辖区。

莎士比亚可能是在"环球"开张后，便越过泰晤士河搬到"克林克的立柏提"的。这"克林克的立柏提"便是真正的剧院区了，虽不及圣海伦高级，却也热闹得多。

"立柏提"是骚瓦克三区之一，伦敦城认为骚瓦克附属于泰晤士河对岸的区域，骚瓦克却自认是独立的自治区。立柏提早先的名声不好，伦敦大部分妓院皆在此地，并且不得不特别另辟"单身女子墓园"。

莎士比亚搬到立柏提时，该地是已不似从前那般声名狼藉却依然热闹的地方，因为这里戏院群集。像"熊花园""玫瑰"和"环球"全都在立柏提近"少女"巷的地方，这区里唯一真正尊贵的建筑便只有温彻斯特主教堂皇的官邸，它耸立于立柏提的东界上。立柏提屋宇盖得很密集，但是地方多是租来的，而且全区里大、小沟渠星罗棋布，以桥相通。

渠中水位随泰晤士河水涨落而升降。此地居民三分之一以上是船夫，共有数百条小船来回在泰晤士河中摆渡，主要靠河维生。

这些小船是伦敦和骚瓦克之间主要的交通联系。从伦敦这头渡到立柏提或"巴黎花园"仅需1便士，在骚瓦克这端还有许多登岸的台阶，以供川流不息的顾客使用。据说这些渡船"装饰漂亮"，有"刺绣的坐垫铺在座位上，或坐或倚都很舒服"。此外"……椅子只能并坐两人"，这对于双双对对上骚瓦克来看新戏的年轻人，可是额外的好去处。

戏剧大师——莎士比亚

骚瓦克的船夫和从事戏剧业的人们不仅给当地增色不少,在经济上他们也相互依存。从伦敦这头渡河到骚瓦克必须便捷、便宜,像"环球"这样的戏院才会有钱可赚;而渡船更是依赖戏院的顾客为生。"环球"是漂亮的新戏院,吸引了众多的观众,因此有更多的船夫得以执业,他们"希望这金色的繁荣持续到永远"。汉斯洛把"财富"建在靠伦敦这边的河岸,"船夫公司"认为这是黑色的阴谋;在以后的十年里,船夫们甚至绝望地向政府陈情,要求强迫演员留在泰晤士河骚瓦克这端。

船夫们估计每天约有三四千人渡过泰晤士河前往"环球""玫瑰"和"天鹅"。

教区里的教堂是"圣救世主"教堂,位于"环球"之东,在温彻斯特主教官邸另一头,几乎成了演员教区。像汉斯洛和女婿阿林都是"圣救世主"的教区代表,汉斯洛还成了教会职员,处理事务、产业及金钱。莎士比亚的演员同仁——奥格斯汀·菲利浦斯住在该地,三个孩子就在"圣救世主"施洗;汤玛士·柏普在此地上教堂;另有一个同仁还葬在教堂墓园里。莎士比亚最小的弟弟艾德蒙于1607年夭逝,年仅二十七岁,也是演员,也"葬在教堂里,于午前敲响那口大钟鸣丧"。"圣救世主"的钟是有名的,为艾德蒙敲钟要花20先令。

骚瓦克除了美丽的教堂、庄严的主教府邸,还以旅馆好、监狱多著称。骚瓦克有监狱五所,由于伊丽莎白时代的人进出监狱是常事,因此这五个所也就"狱中客常满"

※ 泰晤士河流经伦敦市中心

※莎士比亚的故乡为他所立的铜像

了。莎士比亚几个过得去的朋友，如理查·昆尼、亨利·华克等人都曾进出过监狱。

史特拉福有皇室特许，实行自治。1601年，买了华维克伯爵的史特拉福采地的艾德华·葛烈维尔爵士，坚称他有权任命史城市集的收税官。理查·昆尼自狱中获释，立即与城中最老的四个居民研商，接着便携了文件匆匆赶赴伦敦，在高等法院第四期的开庭期中，递上诉状。

四位老居民之一正是老约翰·莎士比亚。老莎士比亚自1553年便落户在史城汉里街，现已有半世纪之久，他还记得年轻的爱德华王，将特许的自治权赐颁史城的那档子事。虽然年已七十余，但他对自身的权利还是很注重的。多年不问政事的老莎士比亚，这次是最后为桑梓效力了。他与阿德利安等人共同草拟了诉状，控告艾德华·葛烈维尔爵士。数月之后他便过世，于1601年9月8日落葬史城。

现在，威廉·莎士比亚继承了老莎士比亚的"绅士"名分，成为一家之主，负责莎士比亚家在史城的一切事务。他继承了汉里街父亲的两栋房子，将东边那栋租给一个名叫路易斯·希柯克斯的人，此人不久便把该屋改装成客栈，店名"少女"。另外一幢，莎士比亚将它租给了小妹琼，她嫁给了一个叫威廉·哈特的制帽商人，且已生下头胎儿子。莎士比亚总觉得那房子该属于琼的才对，因此在遗嘱中让她终生居住，每年只象征性地收一点房租。

老莎士比亚殁世时，莎士比亚做"新宅"主人已有四个寒暑。也许是鉴于父亲平白损失母亲土地的教训，莎士比亚对于不动产的交易总是小心仔细，不敢轻忽。"新宅"的购置颇为离奇，卖主在售给莎士比亚宅屋之后，被长子毒死。这逆子被处以绞刑不说，卖主产

戏剧大师——莎士比亚

业没收充公,至卖主的幼子成年之后才付了一笔钱将之收回。莎士比亚即刻便出了一大笔钱,请该幼子确认"新宅"属于他,其实这可能是多余之举,却可看出莎士比亚之谨慎。

1602年,莎士比亚收到了"新宅"的让渡书。这时,他又买了史城更多的不动产。5月1日,他向当地望族库姆家人买下了107英亩土地,成为当地最大的地主之一。

莎士比亚所购系史城四周农地的一部分。这些农地分割成许多窄窄的长条土地,租给各形各色的佃农比邻而耕,田租不再付给采地之领主,却付给不同的地主。把土地分割成这许多细长条,固然是一种土地的浪费,却是中世纪的传统,反对也没用。

莎士比亚从库姆家买的就是三百余块这样长条形的土地,一次付清现款320镑。因为他自己不在史城,因此由弟弟吉伯特经手处理。九年后,他又自库姆家人手里再度买进二十英亩的土地。

1602年9月底,莎士比亚又在教堂巷买下小屋一栋和四分之一英亩的土地,就在"新宅"对街。由于是华维克伯爵夫人的领地,因此莎士比亚还上了法院,在庭上保证只要拥有该项产业一天,每年一定都会付给她两先令多一点的象征性租金。

莎士比亚在社区里的地位让史

※ 莎士比亚故居一隅

※ 与莎士比亚同年出生的意大利著名科学家伽利略

城的莎士比亚家人感到非常满意,而就一个伊丽莎白时期的戏子而言,却不是什么不寻常的事。在莎士比亚剧团中领衔的演员,如何明基斯、柏璧基、菲利浦斯和柏普都获颁赐纹徽,属于贵族阶级。同时莎士比亚剧团里的演员个个都小有财富,而且大多数都有投资并购置产业。

对于靠着"一便士一便士的俭省和长期演戏"而致富的演员们,当时颇受一些攻击,至于"买地又获晋升为士绅"的演员则更受评议。1603年,有位亨利·柯罗士就做了十分猛烈地攻击,责备那些去看戏、让演员成富翁的"愚蠢而脑子有病的群众":"这些身着红铜色饰边的绅士们变富了,靠着荒淫的戏剧买田又买地",傲视着出身比他们好的人,威胁到社会大众的生活。柯罗士本身一定也一度是戏迷,他说:"他们不只说漂亮话来制造气氛……以变化的欢乐来喂饱眼睛,而且……在两个小时里飞度了许多年,从这国奔到那国,因而心中期盼着结局……可是,听演说和做礼拜时,理性受到了压抑,则昏昏欲睡,由此可见吾人堕落的

戏剧大师——莎士比亚

天性。"柯罗士并说他"看戏时全神都贯注在欢乐上",这些的确都是观众们看《哈姆雷特》时的感受,也说明了莎士比亚剧团赚钱的原因。

"政务大臣剧团"里没有一个人的财富能超过"海军上将剧团"的阿林。阿林几乎称得上是伊丽莎白时期的富翁,除在遗嘱中留下了2000英镑之外,还用了五倍这样数目的钱来兴建杜维区学院和好几处救济院。阿林也获颁纹徽。他的钱并非全靠演戏赚得,他还做不动产投资、制造糨糊、经营犬熊格斗的游戏场所等。

伦敦没有哪个戏班像莎士比亚的剧团一样,一直都有可敬的一群演员。虽是演员,他们赋税、勤奋工作。而且"政务大臣剧团"的人似乎从未进过监牢,这在伊丽莎白时期的伦敦几乎是个奇迹。通常演员入狱,或为债务,或因上演的戏触怒了政府,不过"政务大臣剧团"的人从不欠债,在政治观点上也十分保守。只有一次,"政务大臣剧团"几乎为了政治的事情而惹来横祸。

莎士比亚曾写有《理查二世》一剧,就与它相关的这一系列历史剧的整个政治观点而言,并无错误。只缘理查二世的情形特殊,而使莎士比亚左右为难。理查的王位为亨利四世所篡,但亨利四世却

※ 莎士比亚的家乡小镇——史特拉福

※ 查理二世画像

是光照四海的贤君亨利五世之父；然则理查继承的是正统，在都铎王朝眼里，篡夺正统王位罪大恶极。莎士比亚把重点放在理查不适于统治的弱点上，即使这样也难逃脱都铎的理论，因为他们认为所有的统治者都是真命天子。1597年《理查二世》出版，略去了理查被黜的那段。该剧本在伊丽莎白的统治下共出版三次，五年以后女王过世，罢黜的那场戏终于加印进去。

省略的多半是皇室剧检部门的命令。伊丽莎白认定理查二世的被黜正是历史的前鉴，会激起臣民的仿效。她心里所想的人是艾塞克斯伯爵。一个无心的律师写了一本关于理查败亡的书，糊里糊涂地便献给艾塞克斯伯爵，结果这本书的销售量奇佳。枢密院立即传召与该书有关的所有人员，而该书在出第二版时，献给艾塞克斯的字样便抹去了。这时为1599年，艾塞克斯正蒙女王恩宠，要前往爱尔兰平乱。

伊丽莎白是个机敏的政治老手，对艾塞克斯的政治动向，她的观察没错。艾塞克斯是个阴沉的青年，一向被娇宠惯了，他长得极为俊美，晓得伦敦人民都喜爱他，自以为能够玩弄年老力衰的伊丽莎白于股掌之上。1601年，艾塞克斯一度失势，他处心积虑地想要重邀圣宠。

不幸艾塞克斯的谋士们成事不足、败事有余。他们以为伦敦市民是个火药匣，一点即燃。至于这个星星之火，他们觉得，便是让"政务大臣剧团"在"环球"演出莎士比亚的《理查二世》。"政务大臣剧团"借口该剧已过时，不能吸引观众，以无法负担演出的费用作为搪塞。可是艾塞克斯的人登时便给了"政务大臣剧团"40先令，"政务大臣剧团"于是答应于2月7日星期六那天演出《理查二世》。

艾塞克斯这批人星期六吃了晚饭，便划过泰晤士河，前往"环球"观赏"理查二世遇害"一剧。他们以为到了星期天便会群情沸腾；圣保罗教堂讲道一完，艾塞克斯便率领200名青年，藏剑于斗篷中，穿过伦敦大街小巷，呼请居民

戏剧大师——莎士比亚

武装起来。艾塞克斯奔至行政司法官处，不料此官见他前来，并未信守接应的诺言，由后门开溜了。伦敦人确实对艾塞克斯情有独钟，却还没到支持他反叛伊丽莎白的地步。是晚约十时许，所有和此次叛逆行动有关的人都投降了，艾塞克斯一党悉数下狱，追查的工作立即开始。

"政务大臣剧团"的人推举奥格斯汀·菲利浦斯做代表，去接受政府的侦讯。所幸"政务大臣剧团"之政治记录一向清白无瑕，而且他们又是伊丽莎白最宠幸的演员，政府相信他们是无辜的。莎士比亚和团员们两星期后又在女王御前演出，好像压根儿就不曾发生过这件事。四旬斋开始的前一日，"政务大臣剧团"在"白厅"演出后，宫廷的圣诞季表演就算结束了。就在这天，伊丽莎白签发了艾塞克斯伯爵的处死令，他便在次晨枭首身亡。

此刻，伊丽莎白已年近七十了。她仍然骑马走长路，后头拖着老大不情愿的宫廷贵人们。1602年有个见过她的公爵说，她走路仍然像个十八岁的少女。1603年1月的最后一天，伊丽莎白在冷风凄雨中赴利奋蒙去看"政务大臣剧团"演戏，就再未返回伦敦。

3月19日女王病危，所有戏院关闭。伊丽莎白坐在垫椅上，两眼直视，一语不发。她一生瞧不起药物，榻前十二个御医踌躇沉吟，没有一个能劝得动她服些药的。最后她上床面墙躺下，依然不发一言。她最后的手势是不让跪在榻旁的惠特基福特主教起来，要他继续祈祷，接着她睡沉了。1603年3月24日凌晨3时，女王在睡梦中驾崩。伊丽莎白的时代结束了。

※ 伊丽莎白一世雕塑

王恩宠遇有加

英国的新统治者是苏格兰的詹姆士,继位成为英国国王詹姆士一世。伦敦人都觉得要欢迎一个国王非常新奇,因为五十岁以下的人全不记得英国在什么年月曾有大男人坐在王位之上了。伊丽莎白崩逝之前,由于她不肯指定王位继承人,人们一度担心会有动乱,甚至内战。等到王权和平地移转到她的至亲——苏格兰王后玛丽之子手中,伦敦人才大大地松了一口气。

詹姆士是个意志坚定的作家,曾写过许多诗,也写过好几本书。他不似伊丽莎白,他的作品全都出版公之于世。继位为英王之后,詹姆士依然写作不辍,爱书成癖。

詹姆士没有继承母亲姣好的面容,也没有背脊挺直的伊丽莎白女王的优雅,他的双腿软弱,没有旁人协助不能行走。他没有王者的

※ 詹姆士一世

戏剧大师——莎士比亚

威仪，感情用事，好窥伺，又少尊严。不过，他在位期间，英国持续了二十二年不断的繁荣。

莎士比亚和他的同行们最关心的就是不知新主对戏院的态度如何。这时伦敦新教徒的压力正不断增加；而詹姆士自幼在苏格兰教会中长大，这教会是强烈反对戏剧的；同时在他写给儿子的劝诫书中，也只提过一次演员："莫以常与喜剧演员厮混为乐。"

谢天谢地，新王对戏剧彻头彻尾地喜爱，他对"戏子们"的看法也全未受他生长环境的影响。詹姆士在苏格兰时曾经为他钟爱的演员劳伦斯·弗烈却而与爱丁堡市发生严重冲突。爱丁堡的教会执事和城中长老们不肯让弗烈却在城里觅屋演戏，结果詹姆士硬是强迫他们屈服了。他即位后，立刻任劳伦斯·弗烈却为"国王剧团"的团主，新剧团的特许状颁发于1603年5月17日，即国王抵达伦敦后十天，真是及时。

那唤做"国王剧团"的新戏班，其实只是旧的"政务大臣剧团"多

※ 英国威斯敏斯特大教堂

知识链接

詹姆士一世

詹姆士·斯图亚特（1566年6月19日—1625年3月27日），16—17世纪英格兰国王，史称"詹姆士一世"。

詹姆士一世是苏格兰女王玛丽·斯图亚特与第二任丈夫达恩利伯爵亨利·斯图亚特所生的唯一儿子。出生后五个月，其父死亡，其母遭苏格兰贵族驱逐，流亡英格兰。1567年，苏格兰贵族废黜玛丽·斯图亚特，詹姆士被立为国王，称詹姆士六世，由几个大贵族摄政。1583年，詹姆士六世亲政。1587年，其母玛丽因卷入暗杀英格兰女王伊丽莎白一世的阴谋而被处死。1589年，詹姆士迎娶丹麦国王腓特烈二世的女儿安妮公主。1603年，英国女王伊丽莎白一世指定詹姆士为其继承人后去世。詹姆士即位为英格兰国王，自封为大不列颠王国国王，史称詹姆士一世，时年三十六岁。1625年，詹姆士一世去世。

詹姆士一世学识渊博，但为人懒散刻板，被称为"基督教王国中最聪明的笨伯"。

※ 詹姆士一世画像

1598年，其写作《自由君主制的真正法律》。该书既反对加尔文主义的反君主观点，也反对教皇的最高权威。詹姆士一世不了解英国议会，看不起议会下院，他上任后，大力鼓吹君权神授论。1611年，他第一次解散议会。在执政后期十八年里，王子查理和白金汉公爵乔治·维利尔斯操纵朝政。

詹姆士一世有佝偻病，走路像卓别林演的角色，学究气重，迷恋打猎，一想到国务就懒散，选择的枢密院官员不够明智，不懂英国社会和政府，喜欢在议会和宗教反对者面前长篇大论，生活穷奢极欲。他在任期间没有什么突出的贡献。

戏剧大师——莎士比亚

加了个弗烈却罢了。弗烈却之下第二个名字便是威廉·莎士比亚，其他列于特许状上的演员还有理查·柏璧基、奥格斯汀·菲利浦斯、约翰·何明基斯、亨利·康德尔、威廉·史莱、理查·柯里以及罗伯特·阿敏。

阿敏是在"环球"建好后不久、威尔·甘普退股时加入"政务大臣剧团"的，是"政务大臣剧团"的主要喜剧演员。除甘普之外，未蒙皇恩之前即已退出"政务大臣剧团"的还有乔治·卜莱恩。他到宫中担任侍从官，还在伊丽莎白的葬礼上服务。另外一个是汤玛士·柏普，他可能于1603年退休，而于次年过世。

"政务大臣剧团"成为"国王剧团"后的两年，奥格斯汀·菲利浦斯也谢世了。剧团里每个人都在他的遗嘱中列名，分得了一些遗产。像柏璧基、何明基斯和史莱是遗嘱执行人，各得了一只银碗，莎士比亚和康德尔则各得了30先令的黄金。

皇室的恩许使得莎士比亚的剧团成为全英国最显赫的剧团，这样的情况一直无有匹敌，直至詹姆士统治期结束。有政务大臣撑腰，已经是受用不尽了，现在更在国王的直接恩宠之下，受用之处自然更多。詹姆士平均每年看戏的时间为伊丽莎白的五倍，其中多半系由莎士比亚剧团献演。

王室一家都是大戏迷，伦敦第二大剧团便由詹姆士之妻所支持，是为"安王后剧团"。这是个新的戏班子，威尔·甘普是头牌演员，汤玛士·赫伍德是其头牌剧作家，一度由汉斯洛提供经援。过去一直是"政务大臣剧团"劲敌的"海军上将剧团"，现在居于第三位了，由亨利王子襄助，他是国王的长子。真正演出时，则三剧团交互在宫中表演，各有自己的拿手好戏，而詹姆士一家是一剧也不放过。

安王后尤其是个百看不厌的

※ 伊丽莎白一世画像

※ 不同时期伊丽莎白女王的画像

戏迷。在苏格兰时,她喜欢搅和政治,为她老公所阻。她身上的主要资本一是和悦易处的态度,一是漂亮的肤色。若是生在20世纪,她一定成天看电影、打桥牌、上美容院,快活极了。可是在17世纪,她就只能去看戏。有封现存的信里提到,"没有一出新戏是王后不曾看过的,不过,他们重排了一出旧戏,叫作《空爱一场》"。

新王加冕的计划使得大批游客于1603年初夏拥进了伦敦。为了游行建了看台,并准备了演说,客栈和剧院日日挤满了新客。人人都忽略了一个事实,那就是人满为患的伦敦城里,瘟疫又在潜生暗长。天气渐热,疫病肆虐,最后当局再也不能坐视不管了,7月13日,瘟疫令终于下达到各教区中。25日詹姆士加冕,一般大众皆不得参加,而此时每星期在伦敦地区里,便有一千一百余人病亡,其中有班·江生七岁的儿子。

到了仲夏,伦敦几乎成为鬼蜮。不得不留在伦敦的人走路时都特别留神走在道路中央,一边嚼着橘皮,或抽着烟草。被认为有防治效果的迷迭香,由原先一大包12便士的价格,陡升为一小束要6先令。

伦敦的戏院自然全都关闭了。"国王剧团"开始了漫长的巡回演出,最远北达于考文垂,最西则抵于贝斯。11月底之前,他们已经离家门较近了,在萨里(英格兰东南部一郡)的摩特雷,他们接到消息,要他们到詹姆士御前演出。此时,国王在威尔特郡,住在潘布罗克伯爵祖父建造的"威尔登宫"里。莎士比亚剧团于是在12月2日那天,在威尔登宫中,让詹姆士观赏了他在英国所看到的第一出戏。

"威尔登宫"原与文学便有牵连,现任伯爵之舅不是别人,正是菲利浦·席德尼爵士,伯爵的母亲就是为挽救英国剧沦于"粗鄙",而在16世纪90年代大力引进罗伯特·贾尼尔的法国戏剧的潘布罗克伯爵夫人。

"威尔登宫"的献演开始了潘布罗克伯爵和莎士比亚剧团的情谊,他成了他们的好朋友,特别是对理查·柏璧基。后来他获得任命为政务大臣,更是在职权之内,对

戏剧大师——莎士比亚

他们百般照顾，难怪1623年何明基斯和康德尔出版全本莎士比亚剧本时，将该书献给"无与伦比的一对兄弟"——潘布罗克伯爵与其弟蒙哥马利伯爵。

詹姆士为威尔登的表演赏了"国王剧团"的人30镑，即使连路费也计算在内，仍是极为优厚的赏赐。詹姆士和安王后出手大方，花钱如流水。他自己后来都说，他即位后的前两年半的时间里似乎有"过不完的圣诞节"。

该年，国王在汉普顿宫庆祝圣诞。莎士比亚的剧团一如往常，于12月26日开演，一共在詹姆士御前演出四次、亨利王子殿前演出两次，并在星期天做两场表演。

亨利王子此时九岁，沉着、持重而仪表端庄，是标准的王子典型。詹姆士一世和安王后小时都病弱憔悴，可是他们的一双子女——亨利王子和伊丽莎白公主却美得如同神话故事里的金童玉女。小儿子查尔斯则像双亲一般，而且不良于行。可惜亨利早夭，伊丽莎白婚姻不美满，查尔斯最后被自己的子民砍了头。

1604年3月来临前，伦敦的疫病到了尾声。詹姆士没有前任统治者恢宏壮丽的气势，但有一点天性与

※ 莎士比亚环球剧院内景

伊丽莎白女王相同——爱好和平。有个子民这样描述他:"国王宁可花上一万英镑派驻大使,以耻辱的方式来维持或获取和平,而不愿花十万英镑动用军队,光荣地强求和平。"

詹姆士急于结束对西班牙的冗长、拖延并昂贵的战事,刚一登基,便立即着手谋取和平。西班牙派了卡斯底尔军官前来英伦谈和。安王后让出了她在伦敦最好的索莫西宫、加装了最好的家具和华丽的绣幛缀锦,以接待西班牙大使。

卡斯底尔军官虽带有大批扈从,英国方面还是帮他准备好了许多本地的侍从,一些"好性而高尚的人们"被选上了,其中有十二名是演员,何明基斯和菲利浦斯收到20英镑钱,"作为他们自己和十位同仁的津贴",因为他们担任"宫廷内侍和演员……在索莫西宫服侍西班牙大使,为期十八天"。

王家演员冒充宫廷内侍并不是新鲜事。3月里国王加冕,王宫里大大小小人员都发了特别的制服,"国王剧团"的人也各发了一套(这回莎士比亚排名在首,弗烈却则为第三)。这套制服包括有红色紧身上衣和斗篷,根据习惯,是每个在王室服侍的人都发一套。

卡斯底尔军官若是懂英文,国王的演员们一定会在他面前献演好戏,可惜他不懂,因此逊尼就为他安排了犬熊格斗和空中飞人的消遣。演员们只穿着绣有金色国王代号的猩红色衣服,在索莫西宫里候遣。那十二名演员侍从除了充充场面外,大约也

戏剧大师——莎士比亚

并不真有事可干,因为西班牙大使自己已经带来了三百名随从。王室供给何明基斯等人食宿,每人还各发两英镑钱作为报酬。

※ 外观仍保持着莎翁时代的风格的莎士比亚环球剧院

莎士比亚并不是穿上这种制服的第一位英国重要诗人。理查二世举行的一次比武大会中,乔塞就曾穿着王家制服。乔塞穿这玩意儿与他写诗无关,他是因为担任工程官,负责起建看台供比武之用而穿

91

的。莎士比亚也穿，是因为他是国王支持下的职业演员。卡斯底尔军官从不晓得，在索莫西宫曾经服侍他十八天的人里有位剧作家，更不晓得后世人对他如此感兴趣，纯是由于莎士比亚曾经拿钱服侍过他。

西班牙大使在伦敦过得痛快极了，环城观光、大量购买，珠宝商都开出一条通往索莫西宫的路了。和约签好之后，8月25日，大使终于离开伦敦，踏上归程。英、西两国终于达成了和平。

莎士比亚和他十一个演员同仁，在索莫西宫从8月9日服侍到27日，这似乎是他们第一次也是最后一次充任国王宫廷内侍了，此后直至詹姆士统治时期终了，他们的工作都只限于演戏。

卡斯底尔军官才离开英国，可乐肯威的飨宴处就开始为圣诞季节预备起来。国王迫不及待地想看戏，因此决定打破传统，不在圣诞节那天，却在11月1日就开始圣诞季。全季开锣戏的光荣自是非"国王剧团"的人莫属。这出开场戏定为莎士比亚的《奥赛罗》。

莎士比亚和团员们几乎让所有曾在宫廷里演过的戏都出笼了。"安王后剧团"的人献演赫伍德写的戏，布莱克·弗莱尔的童子剧团演了一场柴普曼写的戏，"王子剧

※ 莎士比亚剧院内景一角

戏剧大师——莎士比亚

团"的人那年则未受到邀请演出。

此外，另有两个业余剧团的演员也在忙着排演，一是潘布罗克伯爵的舞剧，一是王后和十一名仕女们上演的舞剧，由江生编写剧本。江生决定让她们以摩尔人的姿态出现，穿上天蓝色和银色戏服，头发饰以羽毛和珍珠。王后力求真实，要求每个人手肘以下的手臂都得涂黑。负责训练这批贵妇摩尔人的官员不免会想，负责"国王剧团"的人运气未免太好了点，只要看着一个摩尔人——理查鲁柏壁基饰的奥赛罗；他这里却有十二个。

《奥赛罗》在"白厅宫"的大"宴会厅"里上演。这是幢古老的危楼，建于1581年，是木造房屋，屋顶是五彩缤纷的帆布，虽然布置华美，却是岌岌可危了。詹姆士王子不久后夷平了它，另起了非常坚实壮丽的新宴会厅。不过，1604年，莎士比亚的《奥赛罗》在这里演出，而且也只有这部戏才在这儿演出。

11月1日，詹姆士和宫里人所观赏的《奥赛罗》，是以粗鄙的通俗剧提升成的大诗篇。伊丽莎白末期，莎士比亚读到由吉拉第·辛提欧所搜集的一些故事，其中有个丑恶的故事说的是一个丈夫妒忌成性，竟把妻子给谋害了。我们这位随意不羁的大力泰坦神（天与地所生之诸子），撷取了这则血腥的老式故事，做了些他以为必要的结构上的改变，并加上了他宏伟的诗歌和栩栩如生的人物。

"国王剧团"的人星期天还演了一场《温莎的风流娘儿们》，接着在圣史提芬节晚上又演出《恶有恶报》。这又是另一则丑恶的故事，取材自辛提欧的故事集。《恶》剧的女主角为救兄长性命被迫献出童贞，莎士比亚巧手安排了一下情节，让她躲过了这项交易，使故事快乐地结束了。这出戏由局部着眼，写得很好，可是整体观之，则不够成功，因为这样繁复、机械化式的布局未能给莎士比亚充分刻画角色的余地。大约就在同时，他又利用另一个意大利式的故事，写了《皆大欢喜》，这出剧更不成功，理由相同。莎士比亚随兴所至选撷剧情的方式，难免有时令他阴沟里翻船，特别是有关中世纪的民间故事，常阻碍他展示刻画角色的才华。

"国王剧团"的人演过《恶有恶报》后，下边接演潘布罗克伯爵的歌舞剧。然后在婴儿蒙难节（12月28日，系追悼在伯利恒被杀之婴儿，见《马太福音》）晚上，"国王剧团"的人再次演《错中错》。再后来是赫伍德和柴普曼的戏。然后"国王剧团"的人再上了一出叫座的老戏《空爱一场》。这时已是

※ 温莎堡

《第十二夜》了，于是十二名贵妇摩尔人登场。

过后，又是"国王剧团"的人表演，其中有两部是莎士比亚的。1605年1月7日，他们上演《亨利五世》，忏悔星期日那天则演《威尼斯商人》。詹姆士看了《威》剧之后龙颜大悦，命他们再加演一场，时间在星期二。

詹姆士曾在牛津大学看戏，大学里的师生倾注了大量的时间、金钱，甚至于还搞了些昂贵的活动布景。第一剧上演时，詹姆士就想离座而去，因校长极力请求而止。第二剧时，他"说了许多不喜欢的话"，声音之大让人听得清清楚楚。第三剧上场时，他就干脆不客气地呼呼入睡了。詹姆士聪敏、严苛、非常急躁，不是容易取悦的人，莎士比亚的剧团能使他开怀高兴，可以说是他们莫大的光荣了。

英国的新统治者在性情上不似伊丽莎白女王那样，对伦敦子民满心怜惜，但与每周成千上万拥向"环球"的戏迷们倒有一个共同点，那就是，他和他们都抗拒不了威廉·莎士比亚的戏剧。

自由写作的风格

1604年复活节后的星期一,"国王剧团"重开了"环球"剧院,可是瘟疫已经令剧院丧失了一年中的大好时光了。"王子剧团"的人返回"财富",不久之后,原先使用"剧幕"的"安王后剧团",在可乐肯威另起了炉灶,叫作"红牛"。这样,莎士比亚的剧团就成为骚瓦克最重要的戏班子了,此后詹姆士在位期间里,他们一直是众所公认的河岸剧主。

※ 詹姆士一世

流芳百世

图说名人

名人名言

要是你做了狮子,狐狸会来欺骗你;要是你做了羔羊,狐狸会来吃了你;要是你做了狐狸,万一骗子将你告发,狮子会对你起疑心。

——莎士比亚

詹姆士一世在1604年2月里已经给了柏璧基30英镑钱："作为他自己和剧团里其余人的维持和救急之用……至城中健康情况转好为止。"剧团里一定是需钱用的，不管"环球"开不开业，租金可得照付不误，而且停业之前，"国王剧团"还推出了一部苦心经营、投下巨资的戏，结果卖座率奇惨。

这出戏是江生的《西加纳斯》，演员阵容浩大，柏璧基和莎士比亚都是"领衔的悲剧演员"。本来上演这戏是想吸引前来观看加冕典礼的群众，可惜江生的剧作学养太高，太做作，不能被大众戏迷所喜欢。《西》剧是江生所写的首出重要悲剧，他原意是要以不折不扣的塞尼加为范本，来写一部古罗马悲剧，以履行所有真正的"悲剧作家的职责"，而且他似乎也是要让写《尤利乌斯·凯撒》的粗心作者见识一下，看看一位饱学而用心的剧作家，在遵守写作规则的情况下所能达到的效果。

莎士比亚在《西》剧里担任什么角色不得而知，不过这也无关紧要，因为剧中所有角色都是一样的没有个性。何况，莎士比亚早已习惯了在各种好好坏坏的戏里演出。

莎士比亚就是因为他随遇而安的性情，偶尔会让像江生这样易紧张、好讲理论的人恼火。江生曾告诉过朋友说，莎士比亚缺少"艺术"。江生口中的艺术指的就是文艺复兴时期那种拘泥刻板的伪古典主义理论，他说的还真对。莎士比亚从不特别尊崇什么理论，在他尝试写作的期间里，也模仿过一些古典的典范，但是以后就再没有管过法则不法则了，只要是适用他当时写作故事时所需的戏剧技巧，他就采用。

要形容莎士比亚不应该用"艺术"，而要用"自由"。他有自己的一套，有自己的法则。詹姆士登基时，莎士比亚已是各种舞台技艺的专家了，而且是各种语言技巧专家，自有一股自成的力量，打造出自己的风格。

这并不是说莎士比亚对江生的理论不感兴趣，其实他对什么都有兴趣，而且在这段时间里，他一定也常和江生见面。"环球"重开以后，"国王剧团"演出了江生的《沃尔朋》，是他第一部真正成功的古典喜剧。这是江生首次把自己的理论运用到舞台上，让每个角色都有一种独特的"癖性"。

大约也就在此时，莎士比亚试写一部古典背景的戏剧，其中各角色各自象征一种心性。这戏叫作《雅典的泰蒙》，主角是个憎恶人类的人。"憎人狂泰蒙"是文艺复

戏剧大师——**莎士比亚**

※ 麦克白剧照

兴时期家喻户晓的名字，有着"怪异而残酷的天性"。不晓得莎士比亚怎么会被这般执拗、不自然的人物所吸引，但是他显然很快就厌腻了这个情节，因此再也不费心注意它了。

莎士比亚这时还做了另一项试验，写了部或可称为"经营完善的戏剧"。故事取自普鲁塔克，这回他对骄傲的危险做了一番漂亮、精细的研究。一个功夫到家的演员在这出《柯利欧雷诺斯》的戏里是很有发挥的余地的。可是剧中主角的个性简化得太刻板了，不能表现出人的人性和真实。因此，《柯》剧可以是观众们赞赏的一部戏，却不能打动他们的心。

于是，莎士比亚又挖掘了普鲁塔克的另一个故事，这次他的想象力可"着了火了"，结果烧出来的是《安东尼与克丽奥佩屈拉》，江生对它一定比对《尤利乌斯·凯撒》更不满意了。从文艺复兴的观点来看，《安》剧的确称不上是"经营完善的戏剧"。它要换三十二个场景，以16世纪80年代席德尼所嘲笑的老式戏剧的技巧，来涵盖整个古代世界。至于克丽奥佩屈拉，莎士比亚全然不顾所谓主要"癖性"的理论，却把她塑造成如哈姆雷特一样复杂而难以预测的个性。克丽奥佩屈拉不是性格一贯到底的角色，却是个媚态动人的女人。

"国王剧团"要演出《安》

剧，遇到的是极为棘手的问题，因为这出悲剧中的主角是女人而非男人。因此对饰演克丽奥佩屈拉的演员而言，是对她演技最严峻的考验。莎士比亚让克丽奥佩屈拉以台词或其他演员的评论来表达出女王对安东尼的炽情。有时，莎士比亚甚至放心大胆地相信，他的演员已经被观众遗忘了"他"并不是女儿身，竟至让克丽奥佩屈拉提到罗马那些"吱吱尖叫"的童子剧团。这个大魔法师晓得自己要做的是什么，而他的魔法也没使他出洋相。

普鲁塔克并未使莎士比亚忘却贺林虚德的《编年史》。詹姆士登上宝座不久，莎士比亚就在《编年史》里找到了一个苏格兰国王的故事，将它改头换面成一出上乘悲剧《麦克白》。

这戏的气氛是莎士比亚自己通过人物烘托出来的，因为在原资料里并无特别提示。《编年史》里的麦克白共统治了十七年，其间虽杀戮频频，但大部分皆为"可敬的事情和高贵的行径"。

人们曾不断地提到，莎士比亚写《麦克白》是对詹姆士一世的一种恭维，他曾写过一篇有关恶魔研究的论文。不过说它是对伦敦人的恭维也没错。"环球"的观众可以说没有一个不相信恶魔的法力的。

像汉斯洛这么精明的商人，在日记上除了记载购置戏服、付钱给剧作家之外，还会记下一些资料，比方说用蝙蝠血在羊皮纸上写下某些咒语，缚在自己的左臂上，便能随心所欲。

詹姆士一世相信巫术，但他却比常人聪明，晓得有些人只是歇斯底里症患者，乘机作假而已。他登上王位后便立即揭发了一件这样的案子：在他统治结束前，还救了雷斯特一大批子民，证明指控他们行魔法的男孩弄假，使他们免于巫师的吊刑。詹姆士甚至不相信王者的触摸可以愈疾，初登基时他拒绝行这种"愈病的恩泽"，只因法国诸王侯依旧保留这个习惯，因此答应照做，作为一种策略。

莎士比亚不是喜欢吹捧王室的人，国王登基，大概就数他一个人没有涕泪交流，歌颂王家的太阳照耀在英国之上。他若诚心礼赞詹姆士，应该写出更优雅、更美好的戏剧来，而不是这血淋淋的苏格兰悲剧《麦克白》。

1604年冬，"国王剧团"的人演了一出真正颂赞詹姆士的戏，其中有个演员还扮演詹姆士上台。詹姆士本人虽未表示反对，他的大臣们总觉不宜，这戏因此便停演了。

把真人真事搬上舞台的情形在

戏剧大师——莎士比亚

伊丽莎白和詹姆士两朝都曾有过。作家们把自己讨厌的人以他的真实姓名摆到舞台上的戏里去,取笑他的"红胡子"或者"细小的腿",这种情形更是司空见惯。

就由于这种恶习,哈姆雷特才会告诉波罗尼亚斯,要他小心对待演员们,"因为他们是当代的大事要略和简短的历史;在你死后恶名昭彰的墓志铭都未必强过活着的时候他们对你所作的恶评"。莎士比亚几乎是这时期里唯一不在戏里对当代的伦敦人评短论长的剧作家。

这时的剧作家们如柴普曼、戴克等人,都把戏剧的背景放在当时的伦敦。莎士比亚在詹姆士王朝统治期间里,从未以当代的伦敦为背景写过剧本。相反地,他从古苏格兰写到古埃及,当他写到一出关于英国的戏时,他却把时间放在史前的英国,取名为《李尔王》。

莎士比亚是个心性安定不下来的人,他试过舞台上各种可实现的效果之后,又开始构思一场暴风雨的戏。《李尔王》于1606年揭开了宫廷里的圣诞戏剧季。当时要想找到一个演员能有扮演李尔王的声音和体力,真是谈何容易。但是"国王剧团"里有理查·柏璧基。莎士比亚与柏璧基几乎是一块长大的,两人一道亲密地工作了十年以上,日日在一起切磋琢磨。柏璧基曾饰演哈姆雷特和奥赛罗而大获成功,

※ 苏格兰美景

※ 《皆大欢喜》剧照

扮演李尔王是驾轻就熟了。

《李尔王》像《哈姆雷特》一样，原是伦敦舞台上一出成功的戏，这部早期的《李尔王》至今仍然存在。原来的《李尔王》枯涩、文雅，主题纯净，紧随着贺林虚德的故事发展，没有像"弄臣"这样扰人的角色，最后一切圆满结束，李尔王和柯蒂莉亚没有死，两个恶毒的姐姐被逐。莎士比亚则只以原剧为行动的跳板，写成的剧本动机既不纯，也未依贺林虚德而铺排情节；结局时还把所有的好角色都给毁灭了。其中角色行为的无意义一如生命本身，而它所表现的老年无用的可怕景象、大多数凡人的愚蠢和生活的残酷，若无该剧浩大诗情的提升，恐怕不是一般观众所承受得了的。《李尔王》中似乎没有任何基督教的教条，而且值得注意的是，莎士比亚选了一个基督之前的年代，并叙写"杰罗波恩（所罗门王死后，北以色列第一王）统治以色列时"所发生的事情。

偶尔有人会说莎士比亚的戏剧正是反映他生活的一面镜子。但是《李尔王》的完成，却在和平繁荣之时，莎士比亚本人在事业和私人方面都未有烦扰。倒是在16世纪90

戏剧大师——莎士比亚

年代末期,英国遭逢经济不景气,自己独子夭亡之际,莎士比亚写下了一连串轻松愉悦的抒情喜剧。

和"国王剧团"的人共事并且事业腾达的这几年里,莎士比亚又搬了家,回到泰晤士河伦敦这端,在"银街"上租屋居住。

"银街"在圣奥累夫教区里,是城西北的贵族区,区里满是漂亮的房屋,莎士比亚便租住在一家姓蒙特亚的法籍人家里。蒙特亚夫妇两人来自法国,以制作妇女头饰为生,最后入英国籍。

蒙特亚有独女玛丽,并收有徒弟史蒂芬·毕洛特,两人尽得头饰行业真传。1604年,玛丽和毕洛特论及嫁娶,蒙特亚夫妻两人遂求教于房客莎士比亚。

婚约协定中有关财产的事情,是很重要的。莎士比亚受托为他们拟出双方都同意的嫁妆协定。有对夫妻代表毕洛特和玛丽的父母与莎士比亚做了许多商议之后,终于让双方达成了协定,毕洛特同意迎娶玛丽。一对新人于是在11月19日在圣奥累夫的小教堂里成亲,然后再返回蒙特亚家过日子。这时,"国王剧团"在"白厅宫"以莎士比亚的《奥赛罗》展开圣诞季已有十九天了。

※ 现在的英国市政厅就在泰晤士河边,毗邻伦敦塔

立下遗嘱

16 16年2月10日,莎士比亚小女儿茱蒂丝与老友理查·昆尼的儿子汤玛士·昆尼喜结连理。由于是在禁戒期中成婚,并未取得特别执照,因此受到乌斯特宗教法庭的处分。茱蒂丝这年三十岁,汤玛士·昆尼则是二十七岁。汤玛士原在高街经营酒店,名"阿特伍",后来又改在桥街和高街交角处,经营一家更大的酒店,叫"笼",就靠近十字市集。茱蒂丝婚后便在这里居住。

※ 根据莎士比亚的剧作所雕塑的哈姆雷特

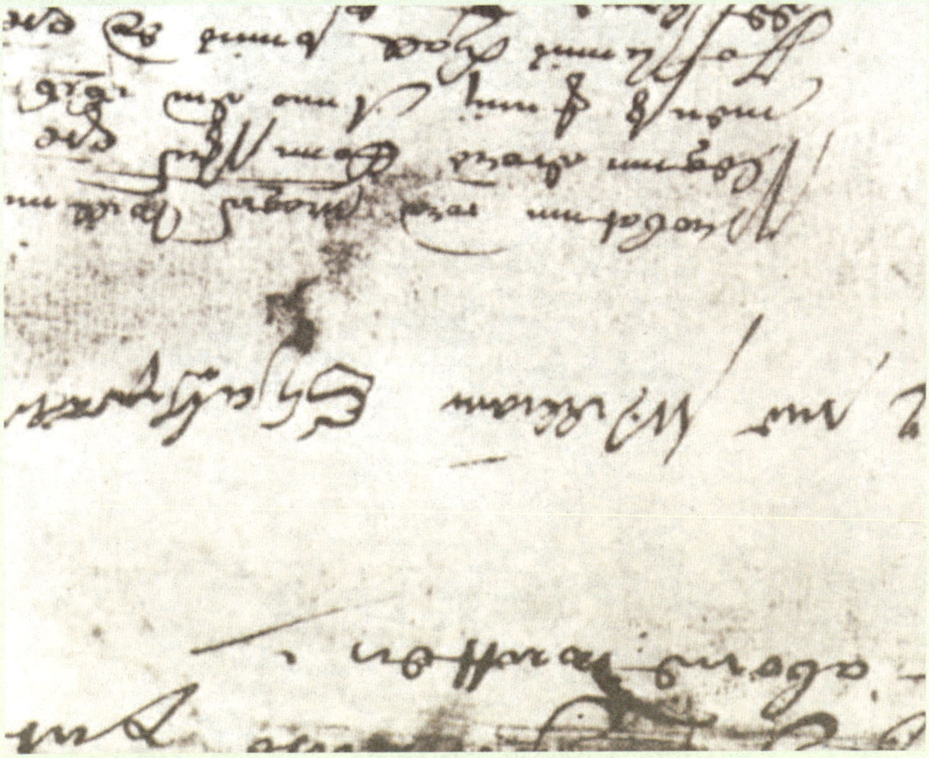

戏剧大师——莎士比亚

※ 莎士比亚在遗嘱上的签名

茱蒂丝的父亲在她婚前一个月已经立下遗嘱,现在她结婚了,她父亲认为给她的遗产有些要修改,便在3月把律师召到"新宅"来。

这份遗嘱又乱又草,改得一塌糊涂。律师是乌斯特法兰西斯·柯林斯,他一向难得帮客户写上一份干净清爽的遗嘱。虽然柯林斯没有在遗嘱上声明莎士比亚"身体虽病,心思却明",但莎士比亚在立遗嘱之时应是身心俱健的。

莎士比亚遗嘱有一个主要而坚决的目的,那就是将所有不动产完整地留给一位男性后代。莎士比亚独子早年夭亡,目前莎士比亚家并无男性后代,然而苏珊娜还年轻,仍有可能会生儿子。就算她不生,外孙女伊丽莎白也可能会生,再不然,他还有茱蒂丝。

莎士比亚遗嘱一开始便写着给茱蒂丝的遗产,由于房地产要完整地留给男性子嗣,因此她得的是一笔丰厚的现款,分为两份,各是150镑。第一份的一部分立即给付,另一部分则在她放弃教堂巷的地产权后给付。第二份的150英镑要等三年后茱蒂丝本人或她的子嗣还活着,

103

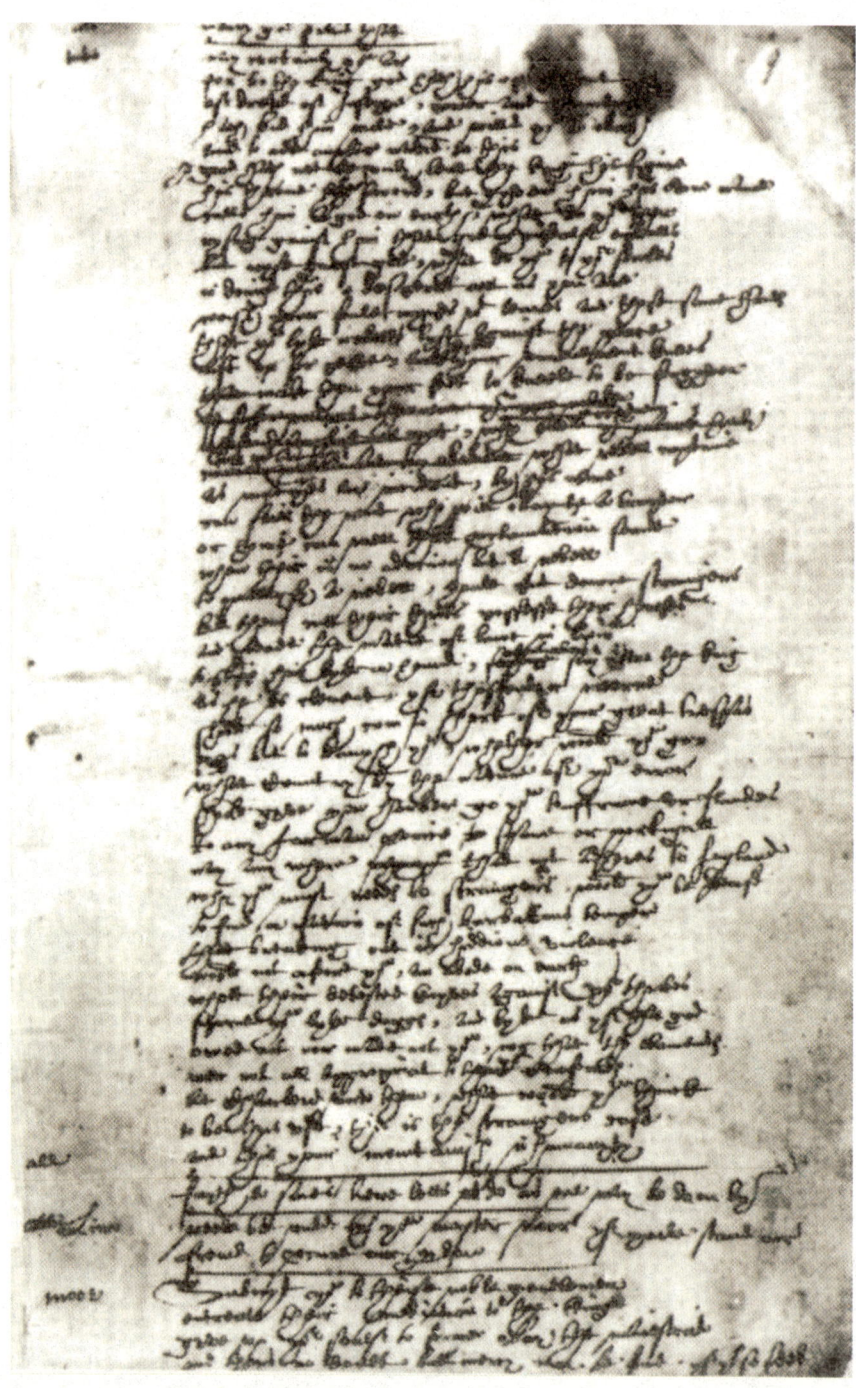

※有人认为这就是莎士比亚的真迹

戏剧大师——莎士比亚

那时才给付,否则,依然由莎士比亚家保留。茱蒂丝的丈夫汤玛士必须先给妻子同等价值的土地,才能拥有茱蒂丝继承的遗产。

莎士比亚的土地悉数归属长女苏珊娜所有,包括"新宅"、向盖特里购买的别墅、在布莱克·弗莱尔租给人住的房子、在汉里街继承自父亲的两栋房子,以及莎士比亚所有的谷仓、马厩、果园、土地、租地和一切的世袭财产。苏珊娜活着的时候可以使用所有这些房地产,以后便归属她的长子。长子倘使不活,则遗次子,次子倘使又不活,则予三子;这继承的次序仔细地列到"她身体合法所出的第五、第六、第七个儿子"。那时的遗嘱鲜有列得这般详尽的。一般情形都是:苏珊娜倘无儿子,便由她女儿伊丽莎白·贺尔之子继承,伊丽莎白若无儿子,则归茱蒂丝·昆尼之子继承。

莎士比亚让唯一还活着的妹妹琼终生租住在汉里街,每年只象征性地收12便士。他还留给她5英镑现款和他所穿的衣服;至于她的三个儿子则各给5英镑。此外,他还留给茱蒂丝一个最贵重的盘子、一只镀

※ 圣三一教堂中的莎士比亚墓

银的碗，其他所有金银器皿则全留给外孙女伊丽莎白。他遗赠20先令的金子给教子威廉·华克，10英镑给史城穷人。另外，他赠给好友们现金、纪念戒等。

莎士比亚将家里次好的床留给发妻，这次好的床可能是家人用的，因为最好的床通常用以待客。全部的"家当"都归给贺尔医生、夫人，他们也是莎士比亚指定的遗嘱执行人。

安·莎士比亚至少和女儿是亲密异常的。她墓碑上的铜牌镌字与当时别人的碑铭相比较，显得特别地富含感情：

"身为女儿，哀悼她的母亲给了她生命，而她的回报却是墓碑一方。她祈祷基督快些降临，好让她母亲重行升天之路，寻游于星际。"

因为现在苏珊娜是"新宅"的主人了，母亲的墓碑可能是由她立，寡母晚年恐怕也在她的伴护下度过吧。

莎士比亚遗嘱的语调不带一丝个人情感。可是这时期里大部分人的遗嘱都是亲昵而感情洋溢的，像康德尔提到他"至爱的妻子"，何明基斯要求葬在"我爱妻莉贝嘉的近旁"；而莎士比亚则把自己对家人和朋友的感情藏在心中。

莎士比亚在遗嘱的每页上都签了姓名，在第三页和最后一页上分别写有"由我，威廉·莎士比亚所立"的字样。

※ 莎士比亚去世后葬于故乡埃汶河边的圣三一教堂